编委会

主　编：李沛聪

副主编：李　欣

绘　画：程清桦　黄芷嫣

编　委：黄洁华　王媛媛　容艳欢　郑方式

撰　稿：韦志斌　王　琦　陈嘉祺　文绮薇

播　讲：韦志斌　王　琦　陈嘉祺　李　兵

前　言

粤港澳大湾区，是一个经济概念。在2019年，国务院发布《粤港澳大湾区发展规划纲要》，为把粤港澳大湾区打造成世界级城市群、国际科技创新中心指明了方向。

但在“粤港澳大湾区”这个经济概念正式提出之前，“省港澳”其实早已作为一个文化概念，存在了很长时间。

所谓“省港澳”，指的当然是广东省、香港地区和澳门地区。自从明朝葡萄牙人聚居澳门、清朝英国殖民香港，广东、香港、澳门就一直作为中国南部对外交流的窗口而存在。

其间，虽然各地的经济文化发展情况各有不同，但其交流之密切，互相影响之深远，让省港澳地区越来越成为一个独特的整体。

虽然省港澳三地有许多不同的特点，在不同的历史时期也有着不同的管治方式，但三地有着更多的共通之处，尤其在文化上，同处中国岭南之地，同处沿海地区，文化上自然有着许多共同点。

例如，广东大部分地区与香港、澳门一样，日常都以粤语（广府话、白话、广东话）作为交流的语言；以广州、佛山为代表的广式饮食文化，与香港、澳门的饮食文化更是同宗同源，有着许多相似的美食；粤剧、南狮、龙船等，都是三地共同的非物质文化遗产；省港澳三地从生活习惯到文化观念，都有着沿海地区务实、包容、开放、奋进的特点……

从清朝开始，省港澳地区就成为推动中国发展的前沿阵地，从全国唯一的通商口岸到改革开放的试点，从小渔村到世界瞩目的东方之珠，这个地区一直为中国发展注入新的活力。到了现在，在“粤港澳大湾区”的概念之下，这个地区将会焕发出更新、更强大的动力，继续为中国的发展贡献自己的力量。

这个满载了历史又充满着希望的大湾区，值得让更多人对它有更多的了解和认识。正是出于这样的想法，在多个团队的共同努力下，我们出版了这一套《湾区有段古》系列丛书，从衣食住行的方方面面，为大家讲述粤港澳大湾区，或者说“省港澳”的故事，希望每一位读者可以对大湾区有更进一步的了解认识。

为了不让大家觉得沉闷，我们搜集了许许多多历史上的、传说中的、现实里的故事，希望大家通过这些有趣的故事来了解大湾区。这些故事有不少都来自民间的口口相传，不一定有标准的版本，但无论哪一个版本，寄托的都是湾区人民对美好生活的向往和善良、包容、奋进的价值观。

希望每一位读者都可以通过这些故事，加深对粤港澳大湾区的了解，同时感受它更多的魅力吧！

最后，要感谢每一位参与本书编撰、绘画的小伙伴，是你们的努力付出，让这套丛书的出版成为可能。

李沛聪

2024年夏

目 录

广州

深圳

珠海

佛山

江门

肇庆

潮汕地区

香港

澳门

广州

相公巷

——舍己为人的书生

广州地区曾流传一副对联：玉子卖麻，担杆挑出新桥市；相公高第，金花插遍状元坊。

此联用“挑出”和“插遍”巧妙地将八个地名串联起来。其中“相公”指的是广州市大新路的相公巷，而“相公”的名称则源于一位舍己为人的书生。

传说在明朝末年，这里住着一位书生叫吴八。他为人老实，热心助人，深得街坊喜爱。所以虽然他屡试不第没有功名，但是大家也没有瞧不起他，反而尊称他为“吴相公”。

一晚，吴相公读书读到深夜，突然看到巷口有三个人影，鬼鬼祟祟地把一包东西丢在巷口的水井内，还窃窃私

普通话音频

粤语音频

语："等到五月初七，人人都逃不了这场大难！"吴相公心想这些一定不是好人，于是马上跑上前去喝问："喂，你们干什么？"这几个人一见有人来，马上溜得无影无踪。吴相公心想，这口井是街坊的水源，如果是被人下毒了岂不是性命不保？于是他整夜守在井边，以防有人来打水。

等到天亮，陆续有街坊挑桶来打水，吴相公就制止他们，并将昨晚发生的事情告诉大家。但街坊们都不太相信，吴相公没办法，只能咬咬牙说："这样吧，我先喝一碗井水，如果没事，你们就放心用。如果我有什么不妥，你们千万不要再喝。"谁知，一碗水没喝完，吴相公只觉腹内绞痛，一下子倒在了地上，七窍流血，晕死过去了。

众街坊追悔莫及，只好含泪将吴相公厚葬。为了纪念这位好心的读书人，大家就建了一座小庙来供奉他，并把他住的小巷改名为"相公巷"。

百岁坊

——三朝百岁秀才

在广州市越秀区中山四路南面，有一条狭窄小巷，名叫“百岁坊”。这个巷子的名称是源于巷子里的一座牌坊。如今，这座牌坊虽然已不见踪迹，但这一地名记录了一段百岁老人考科场的佳话。

相传在清代康熙年间，有一名番禺书生叫做王健寒。他寒窗苦读数十年，却总是科场失意。不过，他好读书且矢志不渝，在科场中拼搏七十载，经历了康熙、雍正、乾隆三个朝代，后来与孙儿一同赴考，没想到祖孙俩一同考中秀才，王健寒终于了却了心愿。那个时候，王健寒已经103岁了。

这件事被传得沸沸扬扬，甚至在京城也为官员、文人所

普通话音频

粤语音频

津津乐道，大家都称王健寒为“三朝百岁秀才”。当时的广东巡抚德保亦即兴赋诗，称“泮水遨游七十载，圣朝培育百年人”，意思是王老先生在科场努力了70年，可见朝廷育人不以年龄分彼此。

另外，还有官员送了一块“岭南春永”匾额给王老先生，誉他为岭南地区的不老春光，可见古人也是肯定老人“学到老”的精神的。王健寒的事迹随后传遍市井百姓耳中，人们就把王健寒居住的小巷称为“百岁坊”了。

福泉街
——一口井的长生传说

福泉街是广州市越秀区的一条街道，其中“福泉”的原意是“蝠泉”，顾名思义，这条街道名称的来源其实是跟蝙蝠以及水源有关。

传说在很久以前，福泉街一带有一口很大很深的井，井里有一块石碑突出水面。每到黄昏的时候，人们就会看到一个神奇的画面：井中的蝙蝠全部飞出去，天空中又有一双白鹤飞下来，带着所有的蝙蝠在居民屋顶飘过，一直舞到天黑再飞入井中休息。居民都认为它们是仙物，于是敬重地称这口井为“福（蝠）泉”，这条街为福泉街。

而关于这个福泉还有这么一段故事。旧时，当地曾出了

普通话音频

粤语音频

一位贪官，搞得这里民不聊生。有一天他听一僧人说，只要把福泉街的仙鹤放到自己花园的大石山上就能大富大贵。他便打起了鬼主意，在黄昏时候带官兵去捉鹤，但只要他们一靠近，白鹤和蝙蝠就会四散而去，即使他悬赏黄金让百姓帮忙也无人响应。

后来僧人再次提议说："谁能双手捉住白鹤，必定长生不老，大人何不亲自去捉？当蝙蝠飞起，白鹤未到之际，你先蹲到井中石碑上，等白鹤飞入井中便捉住它，再让大家来协助，必定成功。"

贪官一听这个方法满心欢喜，果然按照僧人的说法蹲到井中，等到那双白鹤飞入井中之际，他赶紧一手捉住一只白鹤的脚，并且大声喊官兵来帮忙。谁知道话音未完，两只白鹤就把他眼睛戳瞎，他立刻痛到掉入井水之中，等到官兵赶到时，贪官早已淹死在井里了。

从此之后，那双白鹤和蝙蝠就再也没回来过。有人说那僧人是神仙所变，目的就是除掉贪官，以平民愤。

高第街

——曾经的高门大户聚居地

高第街位于广州市越秀区北京路，这条街在宋代时临近珠江，交通方便。清代时以经营鞋帽布匹和“苏杭杂货”著称。改革开放后，一度成为全国热门的成衣批发市场。

自古以来，这里豪富巨商宅第众多，故称高第街。而其中著名的“许地”就在这条街内。

“许地”这个地名源于这里的许氏家族。清代，一位13岁童工许拜庭，因勤恳忠诚而得老板转让部分股份，历经苦心经营，后来成为广州第一大盐商。他的长子许祥光，1819年中举人，1832年中进士，后因母丧回故居经营生意。1849年，许祥光率族人在高第街修祠堂、建大宅，当时那一

普通话音频

粤语音频

带被人称为“许地”。1849年4月，香港总督文翰坚船利炮闯入珠江口，许祥光联合广州爱国士绅，带头捐献白银6万两，并组织团丁备战。还以粤绅名义，正式致函英军，陈说利害，点破了英军的恫吓。最后文翰无计可施，不得已在洋行门前贴布告：“严禁英人入城。”

许祥光因抗夷有功，被朝廷嘉奖赐爵三品顶戴。他的7个儿子皆中举人，其中许应鑅历任临江知府、江苏按察使、浙江布政使等职，被百姓誉为“许青天”。许氏家族还出了任至工部、礼部尚书的许应骙，为政清廉、积极支持戊戌变法的许应锵，任驻美国旧金山总领事的许炳榛等政界知名人物。

后楼房街

——一人得道，鸡犬升天

广州的后楼房街是一条藏身于市政府大院北面的普通街道，现在已经很少人知道，这个特别的街道名称，来源可以追溯到清代初期广州人非常憎恨的平南王尚可喜。

尚可喜原是明朝的副总兵，在崇祯七年（1634年）叛国投降后金。后来随着清兵入关，追杀明朝皇室、扼杀抗清力量。在顺治六年（1649年）被封为平南王后，尚可喜次年就领兵攻破广州，开始了长达20余年的统治时期。尚可喜在攻进广州时杀人无数、横征暴敛，把如今人民公园、市政府大院、后楼房上下街一带占为己有，修建自己的平南王府。

所谓“一人得道鸡犬升天”，平南王尚可喜当时是广州

普通话音频

粤语音频

城里最有权势的人物，连他所豢养的宠物也过着极其奢侈豪华的生活。据说王府后苑设有饲养宠物的四房：一为虫蚁房，里面养着蟋蟀、蝈蝈、秋蝉和蜜蜂；二为雀鸟房，养着鹌鹑、白鸽、画眉等各种鸣禽，盛大的斗鸡比赛也在这里举行；三为鹰鹞房，养着苍鹰和麻鹰等各类猛禽；四为狗房，里面尽是来自关东的各类珍贵猎犬，也有专为讨王爷欢心而养的哈巴狗。这些动物甚至有上百人伺候，比一般的县太爷待遇还要好。而这饲养宠物的四房，也被统称为后楼房。

康熙十五年（1676年），一度权倾朝野的尚家，因尚可喜的儿子尚之信参与“三藩之乱”而迎来了末日。尚可喜因儿子的叛乱忧急而亡，“三藩之乱”平定后，尚之信被康熙帝降罪赐死。平南王的基业瞬间灰飞烟灭。平南王府很快也改为巡抚衙门，而王府当初饲养宠物的后楼房后来也成了民居，唯有“后楼房”这个名称留了下来，这条街道就被称为后楼房街。

昌华苑

——宫苑难觅，唯余昌华

昌华苑位于广州西关，由昌华新街、昌华横街、昌华东街、昌华南街等多条街道组成。

“昌华苑”这个名称，可以追溯到千年前的南汉时期，当时这里是南汉皇帝的离宫别苑，非常奢华，《南汉书》记载：“每岁荔枝熟，于昌华苑作红云宴”，热闹非凡。

北宋初年，昌华苑被焚毁。元代，昌华苑旧址被辟为“御果园”，加种柠檬树800多棵，制作一种饮品，叫“渴水”，作为贡品。

到了近代，这一带成了多位名人的住所。例如，多宝南横路26号的豪宅，就是陈济棠为其妾侍莫秀英所建，是典

普通话音频

粤语音频

型的中西合璧建筑，被誉为当时中国的最高审美。还有昌华新街2号的“莫公馆”，主人莫雄。1949年，他悄悄将所有广州警察档案交给人民解放军，为广州警界新旧政权顺利交替，作出了贡献。

在昌华横街，有一个很美、很开阔的十字路口，四栋大宅，都是独栋大洋房，其中10号为法式建筑。民国时期，这里曾是广州市卫生局局长何炽昌的大宅，而设计这座大宅的人更出名。他是中国第一代著名建筑师林克明，也是如今华南理工大学建筑学院的奠基人。现在的广州市政府办公大楼、广州火车站、文化公园正门，都出自他的手笔。

百年前的繁华，如今已再难寻觅，但这一片街区保留了大量古旧建筑，仍可令人回味昔日时光。

康王路

——百姓心中的王

贯穿广州老西关的康王路是广州市荔湾区的一条新路，至今只有20多年的历史。但这条新路的名字起源却一点都不新，“康王”这个名字源于宋朝的一位爱国将领——康保裔。

康保裔，河南洛阳人，将门之子，自小就十八般武艺样样精通，尤其是射箭，有着“百步穿杨”的美誉。赵匡胤建立宋朝之初，年轻的康保裔就随军破泽州，攻广阳，俘虏敌人过千。由于屡立战功，治兵有方，官至高阳关都部署。康保裔身上有70多处伤痕，都是他在战场上英勇杀敌的见证。

宋真宗咸平三年（1000年），辽兵再犯宋朝，年逾花甲

普通话音频

粤语音频

的康保裔依旧披甲上阵杀敌。在一次会战中，由于原来部署合击敌人的部队主将临阵退缩，导致康保裔深陷重围。康保裔决心与部将同生共死，誓不苟且偷生，率领部下大战两天两夜。但最终还是因为寡不敌众、缺粮缺箭，康保裔和全体将士壮烈牺牲。

随着康保裔的事迹流传，人们皆尊称他为康公、康王，在大江南北广建“康王（公）庙”。清代的时候，广州城的西郊和南郊就有过康王庙和康公庙。21世纪初，这条曾经被短暂命名为“世纪路”的街道，最终因为附近有康王庙，且北路段途经康王直街，而被正式命名为康王路。

百灵路

——与百灵鸟无关的百灵路

百灵路是广州市越秀区的一条道路，在清代的时候叫做百灵街。街内曾经有一座药王庙，供奉着一位赤面慈颜、五绺长髯、方巾红袍、仪态庄重的长者。这就是被人尊为药王的孙思邈。

孙思邈自幼多病，曾经花很多钱去请医生看病，后来他一心学习医学知识。到了20岁，不仅对医学有一定造诣，且精通道家典籍，并在乡间行医。他提倡“大医精诚”的理念，不管贫富老幼、怨亲善友，都一视同仁、求之必应，深受百姓爱戴。

北周静帝时期，杨坚执掌朝政，召孙思邈任国子博士，

普通话音频

粤语音频

孙思邈无意仕途功名，认为做官太过世故，坚决不接受，一心致力于医学。隋开皇元年（581年），孙思邈索性隐居太白山中，一方面下功夫钻研医学著作，另一方面亲自采集草药，研究药物学，以毕生精力撰成了医学著作《千金要方》和《千金翼方》。

唐太宗即位后，召孙思邈入京师长安，见到他70多岁了居然容貌气色、身形步态皆如少年一般，感慨道："有道之人真是值得人尊敬呀！像羡门、广成子这样的人物原来世上竟是有的，怎么会是虚言呢？"于是太宗就想授予孙思邈官职，但被孙思邈拒绝了。孙思邈选择回到乡间为民治病，造福百姓。

因为医术高明，医德高尚，孙思邈被百姓尊称为"药王"。在明清两代，药王庙几乎遍布全国城乡。广州一带的药王庙要数这条街的香火最盛，于是，药王庙前的这条街便被人称为百灵街，取的并非"百灵鸟"之意，而是药王的药"百试百灵"之意。到了20世纪30年代，这里扩建为马路，就改为百灵路了。

福地巷

——一门四元，科举佳话

在广州的海珠中路有一条福地巷，从这个地名就知道，这里必定发生过好事，据说这件好事与广东的“鬼才状元”伦文叙有关。

伦文叙，广东南海人，自幼跟随父辈在广州居住，故居就在现在的福地巷。伦文叙的才华有目共睹，当时在街坊之中就颇有名气。不过他少年时家贫，只好白天卖菜，夜间攻读诗书。但因为勤奋聪颖、才思敏捷、能言善辩，大家都称他为“鬼才”。当时广东自南宋张镇孙中状元之后，已经有200多年没出过状元。伦文叙一鸣惊人，24岁考中举人，34岁上京考试连中两元，一时之间轰动两广地区。

普通话音频

粤语音频

伦文叙不仅自己才华横溢，还教子有方，有三位儿子都功成名就。长子伦以谅中进士，官至监察御史；次子伦以训会试中会元，殿试中榜眼，官至国子监主官；三子伦以诜17岁中举人，后中进士，官至礼部仪制司主事。伦氏父子科举考试共中状元一个、会元两个、解元一个，被称为“一门四元”，成为轰动广东的佳话。

于是大家就把伦家所在的街巷称为“福地巷”。如今，在福地巷伦文叙故居原址已修建了伦文叙纪念广场，竖立一尊伦文叙石雕像，还辟有名为“状元府”的广府状元微型博物馆，供市民免费参观。

李家巷

——南宋名臣的传奇

历史上有着不少同姓聚族而居、以姓为地名的地方，从前在广州就有五条李家巷。但一个城市五个相同地名会带来诸多不便，因此1931年广州调整街名的时候，就把其中四条李家巷分别改为李白巷、李靖巷、李唐巷、李耳巷。而那条仍保留原名的是如今中山四路的李家巷，当时居住在这条巷子的大部分居民是南宋名臣李昴英的后人。

李昴英是番禺人，听说他出生的时候，母亲梦见天上有一颗星星降临到庭院里，于是就为他取名为“昴英”。李昴英从小就聪慧过人，25岁时考中探花，名扬四方。

南宋端平二年（1235年），恰逢叛军围攻广州，当政地

普通话音频

粤语音频

方官又临阵出逃，导致城内人心惶惶。隐居广州的名臣崔与之出面主持大局，计划找人和叛军谈判，李昴英毅然应命。李昴英刚一出城，叛军立刻拿着刀剑围上来。李昴英丝毫不惧，从容陈说利害，终于劝退叛军，使广州避免了一次兵祸。

淳祐五年（1245年），在名臣杜范的推荐下，李昴英前往临安就任吏部郎官。由于他敢于直谏，深得宋理宗欣赏，宋理宗对宰相说：“李昴英，南人无党，中外颇畏惮之！”但后来他又因为弹劾执掌兵权的大臣和皇族成员，触怒了宋理宗，被免官放还。

宝祐三年（1255年），李昴英回到故里，在文溪之畔写文作诗，后来宋理宗下诏封他为端明殿学士等职，他均辞不赴任。李昴英生前备受尊敬，死后被供奉在“四先生祠”中，他的著作更是被门人编成《文溪存稿》，从南宋到清代刊刻10次，可见影响之大。

——白虹惊现藏龙之地

广州的龙藏街位于越秀区北京街道，南起惠福东路，北至西湖路。这条街的街名来自明代的龙藏寺，而龙藏寺的由来则可以追溯到1000多年前南汉的一段关于白龙的传说。

南汉第一代皇帝刘岩穷奢极欲，上台数年后就在河口风景区建造了一座南宫，这座宫殿富丽堂皇，极尽奢华。在南宫建成后的第二年，突然有一道白虹出现在南宫的三清殿。古人都迷信“天人感应”，很多南汉官员认为这是灾难的征兆，导致人心惶惶，登基未久的刘岩更是十分恐慌。

这时，一位叫王宏的翰林学士另辟蹊径，说白虹并非灾难征兆，而是一条白龙，而白龙在南宫出现是个好兆头，还

普通话音频

粤语音频

呕心沥血写了一篇《白龙赋》献给皇帝，说白龙入宫是刘岩受命于天治理国家的吉兆。刘岩一看即时转忧为喜，重赏了王宏。另一位叫王诩的中书舍人见拍马屁有好处，也有样学样，立刻呈上一篇《白龙颂》。

于是，刘岩为了坐稳龙椅、安定人心，就把年号“乾亨”改成了“白龙”。白龙现身南宫当年被称为白龙元年。刘岩还把自己的名字改为刘龑，以应龙现之兆。所以民间就认为这一带是龙藏之地。直到明代，这里建了一座寺庙也称为龙藏寺。到了清代，寺庙变成了民居，这一条街就被命名为“龙藏街”，以纪念此事此地。

——“半塘”如何变“泮塘”

广州的泮塘，在古代原本泛指广州城外龙津桥以西的大片郊区，到了近代则特指位于广州市荔湾区龙津西路、荔湾湖公园以及泮塘路、泮塘村泮塘五约一带的地段。

五代十国时期的南汉王朝，虽然偏于两广一隅，但因商贸繁荣，也过了好一阵富裕的日子，几任国主就在城内外大兴土木，建造的御苑遍布珠江两岸，其中位于泮塘的御花园种遍珍奇花草，林木如画，一到春天，桃花夹水，绵延数里，妩媚旖旎。

但很多人都不知道，其实这个地方曾经是叫“半塘”的。传说泮塘村有个塘，一直保持一塘满水，即使其他塘的

普通话音频

粤语音频

水干了，这个塘依旧是满的。某年大旱，人们用池塘水来灌溉，奇怪的事情发生了，池塘里的水用去一半后，水位就再也不降了，次日塘水又满了，村民因此把这个村定名为“半塘”，又叫“半溪”或“半水”。

那为什么后来会给“半”字加上三点水呢？这里又有一段故事。话说有一位先生去到半塘问“这里是什么地方”，村民说回答“半塘”。先生听了就笑着说，“半”字有什么好听？加上三点水变成“泮”岂不是更好？村中的父老听闻觉得有三点水的“泮”即是“入泮”，“入泮”是古代学生入学宫读书的意思。村里想出人才，于是听从先生的建议，从此“半塘”改为“泮塘”。后来村民合资建起了一座文塔，表明村民对文化知识的热爱和向往。不过在广州本地，大家还是习惯将“泮塘”读成“半塘”。

1958年，政府号召群众在泮塘内开挖荔湾湖，后来建成荔湾湖公园，如今这里已是一条集美食与旅游于一体的时尚街区。

史巷——书吏直言雪冤案

史巷位于广州市越秀区仓边路，它的名字和清代轰动一时的羊城血案有关。

据说在清朝嘉庆年间，广州有一位富商叫做吴贵。有一天当他起来上厕所的时候，听到书房里隐隐约约有翻箱倒柜的声音。吴贵就一边亮灯一边大喊：“有刺客！有刺客！”那个贼怕惊动屋里的人，一刀就把吴贵刺死了。不仅如此，当晚死的还有吴贵的一子一女一婢，钱财也被洗劫一空，唯独吴贵的妻子戴氏一点事情都没有。

案子来到当时南海县的县令龚鲲手上，这个龚鲲自以为是，凭空想象了一番，认为唯独戴氏生还，必定是她勾引奸

普通话音频

粤语音频

夫来作案的，于是问她有什么人经常到吴家来。戴氏凭记忆说出了五个人的名字。当这五个人来到公堂之上时，龚鲲看见其中一个比较帅气的甲某，一口咬定他就是凶手，并把他和戴氏两人一同押返衙门，屈打成招。

看到龚鲲如此武断，身为他好友兼手下书吏的史光国，实在忍不住犯颜直斥。龚鲲看到自己的好友如此大脾气也非常惊讶，于是让他说说疑点。史光国就说："戴氏有子有女，平时两夫妻并无争吵，为何杀夫并杀子女？奸夫既然杀人，为什么不躲起来反而到吴家安慰戴氏？现在又找不到凶器，没有物证证明甲某行凶，你这只是在屈打成招！"

龚鲲才恍然大悟，重新审理案件，结果发现是另外一个叫林二的人作的案。史光国还不辞劳苦，带领官差追到罗浮把林二逮捕归案。于是百姓就把史光国居住的巷子称为"史巷"，以纪念这位清明耿直之人。

晏公街

——朱元璋与水神的传说

晏公街位于广州市越秀区天成路，曾经叫做晏公庙街，听名字就能猜到这个街名是源于这里的一座寺庙了。这里的晏公庙里供奉的晏公并非一位真实的历史人物，而是一位水神。传说这位水神还和明太祖朱元璋颇有渊源。

据说朱元璋起兵反元期间，有一次乘坐战船来到江心，忽然狂风大作、波涛汹涌，眼看着船就要沉了。在危急之际，空中突然出现一位身穿红袍的神仙作法将船拉到岸边，把所有士兵都救了回来。朱元璋很激动地向着天上问道：“救我的人是谁？”天上就传来声音：“我乃晏公也！”

朱元璋建立明朝之后，有一次正准备修建堤岸，但江中

普通话音频

粤语音频

有鳄鱼出没，无法施工。后来有一位老渔翁从茫茫江中荡舟过来，教人以猪肉做诱饵，把鳄鱼捉了起来。从此堤岸再无干扰，工程得以开展。当地人们很感激地请教渔翁姓名，渔翁说："姓晏。"说完就突然消失了。朱元璋知道后说："这就是救我的人了！"

于是朱元璋将晏公封为"都督大元帅"，命令官府建祠祭奉。一时之间，这个无根可查的晏公就成了人人皆知的神仙，连广州也很快建起了晏公庙，之后就顺理成章地把街名改成晏公庙街了。

仰忠街

——正直不阿“冷面寒铁公”

在广州市越秀区北京南路有一条仰忠街，该街名是为了纪念明代一位正直廉洁、执法严明、以身殉职的官员——周新。

周新是海南人，住在仰忠街里，年少时就十分好学，好打抱不平，为人刚正不阿。明成祖朱棣即位后，他就在朝廷里担任监察御史。因其疾恶如仇、铁面无私，被人称为“冷面寒铁公”。

周新执法从不畏惧权贵。大约在永乐九年（1411年），锦衣卫指挥使纪纲派了一个千户到浙江办事，但这个千户明目张胆收受贿赂、作威作福。周新完全不顾他背后有人撑腰，坚决要惩治他。谁知道这个千户闻风立马就逃跑了。没

普通话音频

粤语音频

多久，周新上京途中碰巧遇到这个千户，于是立刻把他逮捕入狱，可是又让他从狱中逃脱，并且他跑到纪纲那里诬告周新。纪纲知道之后罗列了各种罪名诬陷周新，导致周新在狱中被折磨得体无完肤，但周新始终没有屈服。甚至被押到皇帝面前时，周新依然大声抗辩："臣擒奸除恶，为何加罪？"这一番话激怒了永乐帝，于是下令处死周新。而周新宁死不屈，在临刑前高呼："生为直臣，死为直鬼。"

后来纪纲的罪行被揭发，周新的冤案才得以平反。永乐帝又追封周新为浙江城隍之神。浙江的百姓怀念周新，在杭州建庙祭祀。广州的百姓也仰慕周新的刚正不阿，把他的故居所在的街道改名为"仰忠街"。这一街名沿用数百年至今，如今已成为闹市中心繁华的商业街。

——领兵抗元的状元郎

状元坊原名泰通坊，位于广州市越秀区。自1990年开始设立工艺品市场，逐步发展成远近闻名、颇有特色的学生用品和工艺精品专业街，是很多广州人的青春回忆。而“状元坊”这个街名，则源于宋末状元张镇孙。

张镇孙少年时就被人称为“神童”。南宋初期，广州民间流传一段童谣“河南人见面，广州状元出”，意思就是当珠江河枯竭，广州人才会出状元。当时只有12岁的张镇孙听后就跟朋友说：“安知不是鄙人！”大家听完都是笑他，不以为然。谁知道到了咸淳七年（1271年），广州城南的珠江果然枯竭，而张镇孙则真的中了状元。

普通话音频

粤语音频

不过张镇孙中状元后，因为不肯巴结当政的奸相贾似道，所以只能担任小官，后来厌倦仕途就辞官回家了。景炎元年（1276年），元人南侵，宋端宗逃难至广东。张镇孙统领南宋溃军收复了广州，兵威大振。可惜半年后元军又以优势兵力攻打广州，张镇孙最终以不屠城为条件受降保住了百姓性命。景炎三年（1278年），张镇孙在被押解期间自尽而亡。仍在统率南宋军队的文天祥听闻之后也写诗沉痛悼念张镇孙。

后来，状元坊的街口立了新牌坊，由著名国画大师关山月题写了街名——状元坊。街口还塑造了张镇孙像，以纪念这位爱国状元。

金花直街

——金花娘娘传说多

金花直街位于广州市荔湾区，虽然以“直街”为名，但它并不是直直的街道，而是被分为两截。从西华路的起点下一个小斜坡，步行不到10分钟金花直街就断开了，穿过曲折的蟠虬南、斗姥前小巷，再过芦荻西路，又有一条金花直街通过中山七路。关于“金花”这条街名，有一个著名的传说。

相传在明朝年间，广州一位巡按夫人临盆难产，神灵梦中告诉她：“请得金花姑娘来，可保母子平安。”巡按知道后立即派人四处寻找，终于寻得一位名字叫“金花”的民间少女，便立即将她接到家中。说来也巧，金花姑娘刚入后

普通话音频

粤语音频

堂，巡按夫人就平安产下婴儿。巡按大喜过望，认为金花是仙女下凡，高呼金花娘娘救其夫人于危难，对金花行礼叩谢。

此事很快就传遍广州城，许多妇女临产都来找金花，祈求庇佑，平安生产。金花姑娘被大家当成“活菩萨”，非常受尊敬，但也正因为如此没人敢与她成亲。随着年岁渐长，金花姑娘变得郁郁寡欢，最后竟投湖自尽。几天之后，湖中浮出一个沉香小像，相貌酷似金花，居民将其迎接，建祠供奉，尊其为“金花保子惠福夫人”，庙宇则称为“金花庙”。

后来，金花庙几经改建，如今已难觅影踪，只有在金花街的碑廊中的一块碑记上，记载着曾经的香火鼎盛。

雅荷塘

——既无池塘也无荷

在广州市越秀区德政北路，有一条不起眼的小巷子，名字颇为风雅，叫做“雅荷塘”。但此地其实既无碧波池塘，也无映日莲荷，这个风雅的名字原来是和一位阿婆有关。

相传很久以前，在这条街上居住着一位阿婆，她的丈夫很早就死了，没有留下什么财产，只有一口鱼塘，于是，街坊们都把这口鱼塘叫做“阿婆塘”。有一天，阿婆塘里突然发出七彩霞光，吸引了众人的围观。看着这道霞光，街坊们都纷纷议论，是不是上天知道住在这里的人们都是穷苦人家，现在要赏赐些什么宝贝来搭救大家呢？于是，街坊们就合力下塘打捞。打捞上来后，才发现原来是一尊白玉观音

普通话音频

粤语音频

像。众人商量了一番，觉得观音的美意不可辜负，于是大家决定筹钱建庙以供奉神像。阿婆觉得观音像是在自己的鱼塘里发现的，应该更诚心，就把自己所有的积蓄都拿出来了。资金筹集完后，大家推选了劳大叔负责建庙事宜。

劳大叔为了方便取钱，就把钱放在了床头柜抽屉里，准备第二天叫石匠立碑。第二天醒来，他惊讶地发现抽屉里的钱不见了，他十分紧张，急忙重新点算。结果他将捐款人名单再看一遍时，发现把捐款数额最多的阿婆的名字漏写了。他立刻到阿婆家询问其姓名，阿婆笑着说：“我叫做黄雅荷。”当名字补上以后，那笔款项又神奇地出现了。

寺庙建成时，大家都来观看，这时才知道阿婆叫黄雅荷，于是把“阿婆塘”改为“雅荷塘”。如今鱼塘早已消失，寺庙也不复存在，只留下这个地名及其故事为人所乐道。

深圳

中英街
——特区中的特区

中英街，可能是深圳最为著名的街道，位于深圳市盐田区沙头角和香港交会处，被称为特区中的“特区”。街道的中心立有“碑界石”，将这条长约250米、宽约4米的街道一分为二，深圳和香港各占一半，一街分治，需要办理通行证才能进入。

清朝末年，英帝国主义武力逼迫清政府签订一系列不平等条约，强行将香港划为租界，并且逐渐扩张至沙头角。界桩上写着“大清国新安县界”，在沙头角一条干涸的河道上一字排开。相传，英国侵略者在与清政府谈判之前，英方勘界人员就在沙头角插上了几十面界旗。如果按照界旗划界，

普通话音频

粤语音频

沙头角沙栏吓村和东和圩就将划到英界。沙栏吓村民不愿意归英国人管，村里族老乡绅经过一番商议，由吴子魁带领20多位村民连夜将十多面界旗拔掉，转插到另一条干涸河床上。村民说，东和圩和沙栏吓村是他们的祖先争回来的。勘界后不久，有人在河床两侧搭建房屋，陆续出现了摆摊做生意的乡民，后来在这里形成了中英街。

改革开放后，中英街因为其特殊的地理位置，成了一条商业发达的购物街，店铺林立，生意兴隆，成为全国各地游客的“购物天堂”。到了21世纪，当地政府对中英街进行改造，修建了众多旅游景点，这条老街逐渐从商贸向旅游转型。

东门老街

——鸿安婆的抗战故事

深圳作为城市的历史并不是很长，但这里很早就有百姓聚居。有人说：“古代深圳的根，在南头老城，而近代深圳的根，则在深圳圩。”

深圳圩的历史可以追溯到明代中期，最开始它只是一个乡间集市，每逢“圩日”，周边村落居民都到这里赶集。随着时间的推移，这个市集从深圳圩发展成深圳镇。1978年，深圳这个名字，作为市名建立了深圳市，深圳圩的名字就“让贤”了，后用东门老街来称呼。

在东门老街，有一栋红白相间的民国建筑，曾是鸿安酒家，这里有着一段颇为传奇的故事。鸿安酒家的老板娘原名

普通话音频

粤语音频

何华益，因为客家方言习惯称老板娘为“婆”，所以人称“鸿安婆”。她20岁从美国回国结婚，婚后夫妻二人把这栋房子改成酒家。抗战时期，深圳圩第一次沦陷，鸿安酒家被日军强占为驻军司令部，鸿安婆及其员工都被赶走。后来，在抗日游击战争开展时，叶挺进驻深圳镇，曾在鸿安酒家建立东江游击队指挥部，设司令部和政治部。指挥部撤走后，鸿安酒家仍经常接待爱国志士和回乡抗日的同胞，成为他们的临时庇护所。

现在，鸿安酒家作为东江抗日游击队指挥部旧址纪念馆重新对外开放，成为东门老街著名的打卡点之一。而东门老街也延续着它商贸发达的历史，被改造成东门商业步行街，这也是深圳历史最悠久的商业区。

水围1368文化街区

——源自1368年的古街区

水围1368文化街区，是深圳市在2015年前后对福田区15个城中村改造而成的，共有一坊四街六巷。那为什么要用“1368”来命名呢？

原来根据记载，最早的水围村先祖庄氏是1368年迁徙至此的，因此在街区改造之后，就用了这个年份为街区命名。据传600多年前，庄氏四世祖带着家眷来到深圳河边的落马洲，以茅草搭棚居住，每天渡河到水围晒盐为生。当时水围这边也有一户姓张的人家，经常到落马洲一带捞鱼为生。为了免于往返奔波，两家人一商量，便互相交换了茅寮。当时的深圳河畔大多是盐碱地，淡水资源极少，庄氏先祖为了长

普通话音频

粤语音频

久定居，便开始打水井。但打出的井水质都比较差，浑浊苦涩，难以饮用，水围庄氏先祖为此忧愁不已。后来庄氏先祖在龙年的秋天发现了一个泉眼，泉水清澈甘甜，便深挖砌井，命名为龙秋泉。此后，庄氏就正式在水围村定居下来，开始立围建村，开辟良田耕种稻米，由晒盐为生逐渐转为农耕谋粮。

如今，水围1368文化街区在城中村改造转型的历史进程中，既保留了本土传统文化和历史文化，又突出了新活力色彩。这一转型使得街区成为一个集居住、休闲、餐饮、文化于一体的特色街区，为深圳市民和游客提供了休闲娱乐的好去处，是深圳城中村改造的标志性名片。

观澜老街
——一地占两县，找“官难”

观澜位于深圳市龙华区，从“圩”发展成今天的“老街”已有200多年的历史，整个街区由观澜大街、东门街、新东街、卖布街、龙岗顶街、西门街等十多条街道、小巷组成。街区的建筑风格具有浓郁的客家风情，至今保存较为完整，有古旧商铺、碉楼、古寺、澜阁、祠堂等建筑。

相传，观澜原来叫“官难”，这一带的村民赶集要走过崎岖的山路到清湖圩，路非常难行。后来这一带人口逐渐兴旺，慢慢形成了新的市集，人们不再需要长途跋涉去清湖赶圩。但由于当年观澜坐落于东莞与新安两县之间，两个县都在圩内设置了自己的管理机构。这样一来，两个县的官吏在

普通话音频

粤语音频

这里互相牵制，遇到好事双方都想沾，遇到麻烦的事双方都想推，老百姓见得多了，就觉得什么事都不难，找官府办事最难，于是成为“官难”。

后来，有一位叫邓坤的风水大师，游历到这里的山岗上，看见一条清澈的河流经过此处时波澜壮阔，大赞好风水，从此留恋此地，每天清早坐在河边“观望波澜”，并在这里建了观音庙，取名“观澜”。大家也渐渐觉得“官难”这个名字不太好听，于是就将此地改称为发音相近的“观澜”。

珠海

白石街

——抗击侵略修长街

珠海被称为“百岛之城”，有100多个大大小小的岛屿。在众多岛屿之中，淇澳岛是非常独特的一个，这里不仅有美丽的自然风光，还有一条展示着淇澳人民荣耀的街道——白石街。

白石街始建于1833年，是一条有着近200年历史的老街。这条街道平静祥和，开满了民宿、茶社，一派海岛风情，让人很难想象到这条街道的修建，竟是源于战火。

原来在1833年，虽然鸦片战争尚未爆发，但英国侵略者已经频繁侵扰中国的沿海地区。当时侵略者来到淇澳岛，想上岛侵占，遭到岛上人民的激烈反抗，侵略者用炮火攻击

普通话音频

粤语音频

淇澳岛，轰坏了岛上的宗祠和天后庙，这样的暴行激起了当地人民更为激烈的抵抗。最后，在淇澳岛人民的坚持奋战之下，英国侵略者不得不承认自己的失败，并且向岛上居民支付赔款。

居民们用这笔赔款修复了被毁坏的宗祠和天后庙，并且铺设了一条长达两公里的街道，这条街道就是白石街。

中国近代饱受侵略，而白石街则是仅有的用侵略者赔款修建的街道，可以说是中国近代史上少有的胜利。在白石街上矗立着一座牌坊，上面除了“白石街”的名称，还有一副对联：“淇澳未沦亡拔剑请缨同杀敌，英军寻死路丢盔弃甲败兵逃”，尽显淇澳岛人民的英雄气概。

南屏老街

——容闳与留美幼童

清朝后期，中国因为闭关锁国，不谙世界大势，饱受列强侵略。当时许多有识之士开始睁眼看世界，希望通过对外交流和学习，为中国寻求自强之路，其中祖籍珠海的容闳，就是最早的先行者。他创办了著名的“留美幼童”计划，积极参与洋务运动，被誉为“中国留学生之父”。而容闳的故居，就在珠海南屏镇南屏村西大街。

容闳出生于1828年，当时南屏属于香山县。容闳因为家境清寒，7岁就前往澳门入读吸引贫苦人家的马礼逊纪念学校。1847年，容闳前往美国留学，最后以优异成绩从耶鲁大学毕业，成为耶鲁大学首位中国毕业生。

普通话音频

粤语音频

回国后，容闳一直致力于推动中国的现代化，曾协助曾国藩筹办江南制造总局，并提出派公费留学生赴美留学。在曾国藩与李鸿章的支持下，晚清政府共派出三期学生赴美留学，这些学生被称为“留美幼童”。这些学生中有不少都成长为独当一面的人才，如唐绍仪、詹天佑、蔡绍基等，对中国后来的发展作出了不少贡献。

南屏老街除容闳故居之外，还有一栋在珠海市少见的碉楼，称为“东和炮楼”，是20世纪初由容姓村民修建的。

南屏老街保留了不少古老的建筑，整个街区都是一派清末民初的风貌，处处都讲述着曾经的沧桑与辉煌。

斗门旧街

——曾经的澳门物资中转站

珠海市斗门区，早年是珠海的繁华之地，原斗门县建制已有1000多年，北宋时称为潮居里，明清时称为黄梁都。明清时期，人们在斗门圩兴建官署、兴办乡学，此地逐渐成为斗门的行政中心。

在斗门，有一条被誉为最美街道的老街，那就是1932年重建的斗门旧街。早在1850年，不少西方宗教人士和商人就通过澳门前往斗门居住、经商和传教，包括澳门浸信会牧师和建筑工程师嘉理慰，石岐天主教教父法国人耿其光、孤里花和比利时人纪励云等。斗门的船只往来于香港、澳门和广州等地，每逢圩日都十分热闹。因为当地商业发展迅速，原

普通话音频

粤语音频

有的圩镇旧街已无法满足需要，本地富商、斗门华侨、外国商人和传教士便开始酝酿修建新的街区。

在传教士嘉理慰等人的牵头统筹规划设计之下，斗门旧街博采西方各国古典建筑之精华，吸取南洋建筑理念，又兼容岭南建筑风格，于20世纪初兴建大批中西合璧的洋楼。到了1932年，斗门旧街经历了一次大规模重建，形成了后来的模样。

在20世纪40年代，因为时局动荡，物资匮乏，斗门旧街成为远近闻名的走私货中转站。当时，人们会走进“有货”的店铺，让店家从里间拿出通过澳门进口的布匹、煤油和糖等生活必需品。这些店铺为当时生计艰难的居民提供了不少的帮助。

2013年，斗门旧街被评为中国历史文化名街，是珠海市目前保留下来的唯一一条相对完整的骑楼街，不仅保留了其厚重的历史文化积淀，也成为传承和发展城市历史文化的活的载体。

佛山

——洗过塔坡水，顺风又顺水

在佛山流传着这样一句话：“未有佛山，先有塔坡。”被称为“佛山初地”的塔坡街是佛山最古老的街道之一，拥有近千年的历史。那么，塔坡为什么是佛山的起源地呢？

其实佛山古称“季华乡”，那时候当地既没有“佛”，也没有“山”，之所以会被称为“佛山”，相传源于东晋的一个关于塔坡的传说。

据说在东晋时期，有一位西域高僧穿越大海，在南海季华乡本洲岛登岸，来到塔坡岗结茅讲经，传播佛法。后来据传又有罽宾国（今克什米尔）的法师达毗耶舍尊者带着三尊铜佛渡海而来，仍在塔坡岗经堂聚徒说法，善男信女为他捐

普通话音频

粤语音频

资兴建“塔坡寺”。但在三藏法师回国之后，佛寺因为无人居住，日久失修，没过多久就全寺倒塌了。

到了唐贞观二年（628年），乡人在塔坡岗掘出了三尊铜佛和一块石碑，石碑上刻着：“胜地骤开，一千年前，青山我是佛；莲花极顶，五百年后，说法起何人”。横匾写着：“塔坡寺佛”。大家就认为这是“佛之山”，于是重建了塔坡寺，用来供奉三尊铜佛，立“佛山”二字石碑，并且掘井以作纪念，同时把“季华乡”改名为“佛山”。而塔坡寺所在的街道自然也就被称为塔坡街了。

在佛山，有“洗过塔坡水，顺风又顺水”的说法，而塔坡庙会则成为佛山的传统习俗之一，每年农历六月初六都是佛山人寻根怀古的重要日子。通过举办圩市、广邀戏班唱戏等传统节目，配合徒步、骑行、公开课、文创和汉服展示等年轻人喜闻乐见的活动形式，吸引了更多的人关注、了解佛山。

——一个西瓜破奇案

佛山市禅城区石湾至澜石的镇中路段从前叫做“西瓜路”，这个名字与一段悬案有关。

清道光年间的一个除夕夜，在石湾通往佛山的路上有一男子扛着一大袋硬物回家。他找了间剃头铺剃头。谁知道剃头匠看到那袋子上隐约凸显银元的形状，便心生贪念杀了男子，然后打开袋子发现里面装的居然是石湾出产的陶灯盏，顿时追悔莫及。剃头匠把身上的白麻衣撕下，用死者的血在上面写了一首甏脚诗：“你亦错时我亦错，灯盏何须用膊托？从此冤仇沉大海，欲想报仇马出各。”然后把男子和血诗布片一起埋在了路边的山岗上便匆匆离去。

普通话音频

粤语音频

时隔数月，回乡的四川总督骆秉章正巧路过此地，当时正值盛夏，骆秉章派下属找水喝。他抬头一看，只见半山腰有一颗西瓜，便叫人摘下西瓜解渴，谁知西瓜切开后，里面竟全是血水。骆秉章觉得奇怪，便叫下属挖瓜蔓探个究竟。下属掘地挖出了尸骨和灯盏，还有写了诗句的白麻布片。骆秉章读诗后认为此事必有蹊跷，定要查个水落石出。

后来，骆秉章微服查访来到石湾茶楼前，见一醉汉指着茶楼前地摊上贩卖的陶灯盏说：“如果灯盏不是灯盏，是银元，我现在还愁没钱喝茶吗？”骆秉章听了心生一计，派下属假扮收买破烂的高价收白麻布衫。剃头匠的老婆一听便将家里的那件破白麻布衫拿出来卖。骆秉章把白麻布衫和血诗布片一对照，发现完全吻合，立即派人缉拿剃头匠归案。

就这样，骆秉章借西瓜破了一宗悬疑凶杀案，使案情大白。此事被广为传颂，后人就把这一段道路称为西瓜路。

舍人大街

——乐善好施，舍己为人

在佛山禅城，曾经有一个街区被称为“舍人十三街”，相传是为了纪念一位舍己救人的商人。

相传在明代，当地有一位做杉木生意的商人，名叫梁舍人。梁舍人平日乐善好施，经常接济贫民，在当地很受百姓爱戴。有一次，佛山当地发大水，受灾的人很多。梁舍人在接济灾民时，忽然见到有小孩跌入水中，他眼见情势危急，也顾不得水势猛烈，奋不顾身地跳下水去救人，但最终抵不过大水，不幸牺牲了自己的性命。

当地人为了纪念这位“感动佛山”的善人，就将他曾经做过生意的街道都以“舍人”命名，以纪念他舍己救人的善

普通话音频

粤语音频

举。因为梁舍人的生意做得不错，在当地不少街道都有店铺，所以当时共有十多条街道以“舍人”为名，被称为“舍人十三街”。

后来随着时代变迁，街道的名称多有变化，部分街道更因为房屋的修建拆除而消失，如今十多条街道仍然得以保留并以“舍人”为名的，就只剩下舍人大街和舍人前街了。

莲花路

——观音菩萨坐莲台

佛山的莲花路，古时候叫做“莲花地”，在佛山有着非常悠久的历史。在明代，佛山有著名的三圩六市，其中表冈圩就在莲花地。

相传，这里原是汾江河涌的一条支流，河水沿表冈边直达汾江大河，后来由于水道淤塞，这里便成了陆地，但是表冈附近仍有一大片低洼泥塘，人们便在泥塘里种植莲藕。每当莲花盛开之时，幽香袭人，人们便把这个地方取名叫“莲花地”，后来又陆续修建了店铺、街道和庙宇。

关于莲花路的金花神庙，有这样一个传说。相传在很久以前，莲花路还是一片荒芜。某夜大雨后，人们看见一块大

普通话音频

粤语音频

石头下长出了一朵绚丽夺目的莲花。此花烈日晒不枯，风雨摧不毁，人们都说这真是一朵“金光圣花”，于是在此地修建了一座“金花庙”。而“金光圣花”则是金花女神的化身，她是一位专门保护孩子的神灵。

莲花路上还修建有两座观音庙，人们每年都会举办观音诞庆典。当地还有一个习俗，在观音诞期间，要将观音神像从本庙抬出游行，让附近居民沿途参拜。

据说有一年观音诞，人们照例请人抬观音出游，当走到莲花地时，由于沿途参拜的人十分踊跃，抬神像的人便将神像停放在地上，一来好让人们参拜，二来也好歇歇脚。稍作休息后，便想继续前行。谁知道，两座观音神像就好像往地上长了根一样，任凭抬神像的人怎么使劲都无法把它们抬起。人们尝试一起用力抬，但都没成功。在场的人无不称奇，都说观音大士是坐莲花的，因为到了莲花地，观音菩萨就不想走了。

快子路

——从筷子到“早生贵子”

佛山自古以来工商业兴盛，到了清朝初年拥有大小工商行几百个，手工作坊遍布大街小巷，也形成了不少成行成市的专业街，所以在佛山有不少街道都是以行业命名的。例如，筷子街、牙刷街、扫把地、皮箱街等等。其中，筷子街当然是以制作销售筷子而得名。

后来，当地人为了讨个好彩头，也为了书写方便，便将筷子街改名为“快子街”，取的是早生贵子之意。

到了清朝后期，快子街的商业越来越发达，由最初的一条快子街，扩充到快子大街、快子正街、快子上街、快子直街和快子新街五条街道。而在几条街道相接的位置，形成了

普通话音频

粤语音频

一个三角形的地带，这里在清代是个热闹非凡的市场，称为“三角市”，是佛山三圩六市之一，也被称为“快子市”。

到了民国期间，政府将附近几条街道合并，并以其中最长的一段快子街命名，称为“快子路”。其后，这条路名经历了几次变迁，一度恢复了“筷子路”的旧称，直到2015年，才重新正式确定为“快子路”。

金榜街

——金榜上街，题名二巷

金榜街位于佛山顺德大良，听起来似乎是个出过状元的街道，那么这里究竟有没有出过状元呢？

相传，古时候金榜街本是一个村，但一直没有村名，不知是哪个朝代，村里有位姓黄的书生科举考试高中了举人，有人问他来自何方、哪个村。黄举人一时不知如何应对，想到此番金榜题名，灵机一动，便将村子取名金榜。

此外还有人认为，大良金榜街原是水上驿道的入口处，当时的交通主要靠水路，码头是重要的交通要道，官府颁发的所有政令都会在此公榜，因此得名金榜。

金榜街一带曾经是滩涂地带，河流交错，无法种植水

普通话音频

粤语音频

稻，村民便以饲养水牛为生。相传，源于明代龙江的牛乳制作技术在清代时流传到大良，一直饲养水牛的金榜村民在养牛之余，开始制作牛乳。20世纪五六十年代，金榜村几乎每家每户都有养牛并制作牛乳，水牛达300多头，形成热闹的养牛街。在这里，一家三代以上养牛、做牛乳的比比皆是。这条巷子沉淀了“牛”历史，如今村民们依然坚守着这门手艺，牛乳、双皮奶等与牛奶有关的食品，在这里琳琅满目。

在金榜社区有一条巷子写着“金榜上街，题名二巷”，很多当地人考完试后，都会来这里走一走，沾沾它的喜气。

城门头路

——没有城门的城门头

在佛山禅城，有条街叫做城门头，它东连祖庙路，西连佛山大道，又被称为城门头路。

在当地民间流传一个说法："塔坡岗向来有岗，城门头原本无城"，也就是说，城门头这一带其实是没有城门的，那为什么会有一条城门头路呢？

据说，明正统十四年（1449年），农民黄萧养在冲鹤堡起兵反明，一时之间气势如虹，越战越勇，在围攻省城广州的同时，还分了兵力去进攻佛山。眼见兵临城下，当时的佛山乡绅土豪为了保护自家的性命财产，联合起来组织乡勇，分队守御。同时利用祖庙北帝的"灵威"，号召和策动乡民

普通话音频

粤语音频

共同迎敌，并且在栅下铺海口至祖庙铺古洛社（洛水）一带，沿汾江河支流右岸筑起一道连贯的大木栅作为城墙，又在洛水前建造了一座坚固的街闸，防御敌军兵船入侵。黄萧养的兵船分两路进攻栅下铺海口和洛水，即城门头处，想强行登陆。由于被河道边的木栅栏阻挡，历时半个月，屡攻不下。后来，黄萧养兵败，佛山才得以解围。

获胜之后，当地的乡绅们就把这个地方称为“胜门头”，并且在街闸上头竖立石碑作纪念。后来又因为粤语中“胜”和“城”同音，于是又读作“城门头”，这就是“城门头原本无城”的缘由。

均安龙街龙巷

——石龙汲水带来的“龙字辈”

在顺德均安的仓门社区和鹤峰社区，汇聚了很多以“龙”命名的街巷。据统计，当地有三条街道、十多条小巷，名字之中均含“龙”字，如石龙街、聚龙路、天龙巷、新龙巷等。

当地众多与龙有关的街巷，据说与旧均安八景之一的“石龙汲水”有关。传说在很久以前，当地还是地处海边，有五条礁石带分布在海边，面朝大海。每逢晚上风急浪大的时候，浪花拍打岸边的石头，会发出惊人的巨响。当时的村民都说这是石龙在汲水，所以便有“石龙汲水”的说法。而当地的石龙岗、石龙街均与此传说有关。

普通话音频

粤语音频

除了这些与石龙有关的地名，此地还有另一条“龙”——鹤峰社区的上村大街，正是国际功夫影星李小龙的祖居之地。为此，当地还将李小龙祖居所在的巷子命名为“小龙巷”，并修缮故居，打造旅游景点，令此地成为李小龙影迷的热门去处。

沙塘坊

——武林高手隐居处

沙塘坊位于佛山禅城，是一片老旧的街区。很多人都不知道，这里不但曾经是热闹繁华之地，而且还是不少武林高手的隐居之处。

从元代开始，佛山便以铸造技术闻名，并逐渐成为南中国的冶铁中心，有“佛山之冶遍天下”的说法。沙塘坊一带因为溪流环绕，地处一隅，正是冶炼行业适合之地，因此逐渐发展成了冶炼铸造业的集中之地，史书称“冶铸炉户几成阵列，操此业者日夜辛劳，故炉火冲天，蔚为壮观”。在明代，此地更被评为“佛山八景”之一，称为“孤村铸炼”。

清代杜伯棠曾写过一首题为《孤村铸炼》的诗：“大造

普通话音频

粤语音频

为炉妙莫论，良工铸炼在孤村。宝光万丈相摩荡，紫气千重互吐吞。剑戟销来争战息，鼎钟认得姓名存。太平无复干戈事，爷老携锄向湿原。”描绘的正是当年沙塘坊一带铸炼业的盛况。

后来，随着现代工业发展，当地的冶炼铸造业已不复当年，但却成了几位武林高手的隐居之处。例如，咏春宗师之一的梁赞，就曾住在沙塘坊的清正街；而另一位咏春宗师叶问，据说在抗战时期，也曾隐居在沙塘坊的滘边街、田心里等地。

时至今日，在沙塘坊一带依然有许多咏春拳馆，传承着佛山武术的传统。

牛栏口

——集市杂耍戏法多

在佛山地区，有不少街巷的名字是以街道聚集的行业命名的，如纸行街、凿石街、布廊等等。其中，现升平路与高基街的交会处，早年称为牛栏口，是珠三角地区买卖耕牛的一个集散地。

当年的牛栏口，除了买卖耕牛，还有不少走江湖卖艺的人，热闹非凡。据说还有一个“纸公仔会食饼”的趣事。

当时卖艺的人通常会先耍一套拳脚功夫，然后是兵器表演，继而向观众收取打赏或者兜售药丸。而除武术表演之外，有时还会表演一些杂耍、戏法。

据说有一次，一位卖艺人拿出纸张、剪刀，剪出一个纸

普通话音频

粤语音频

公仔，他用手指着那个公仔说：“我指指这个纸公仔，它便会食饼。我还可以将咸鱼仔都变成会游水的鱼。”

围观的人群里有人说：“你发梦都冇咁早，真系讲大话唔使本，简直不可能。”（粤语，意为“你做梦吧，吹牛！”）

那位卖艺人便说：“你唔（不）信，不妨去买些饼、咸鱼仔来，我表演给大家睇下就是。”

当时，好奇心重的人便去买些饼、咸鱼仔来给他，卖艺人拿出一只碗来，放水入碗内，然后用一根筷子，在水中搅动。咸鱼仔即顺着水势转动。卖艺人解释道：“大家睇，咸鱼仔游水。”大家一时之间不知如何反驳。

于是又有人问：“我想睇下你的纸公仔，是否会食饼？”卖艺人拿出事先剪好的纸公仔，然后用手指着那个纸公仔，随即拿着饼放入自己的口中吃掉。他解释道：“我说了指一下这个公仔，就会食饼，没有说是纸公仔食饼啊。”

大家一听，真是又好气又好笑，此事一直流传下来，成为笑谈。

公正路

——门口伙计生招牌

佛山的公正路，早年是专营金银首饰和奢侈品的街道，生意十分兴旺。街上除西成金铺、安成金铺等知名金银首饰店铺外，还有几家经营丝绸布匹的店铺。

当时在佛山附近乡村的农民，农获赚到钱时，秋收完毕或逢年过节，农闲时候都会去佛山走走，看看自己有什么物品需要的，便买一些回家使用。他们听说佛山公正路有间“广大布铺”，这间布铺的老板很实在，货真价实，童叟无欺，十足尺码，不会骗人。不过这些农民大都不识字，看不懂布铺的招牌，但听人说该铺有一个伙计叫做“糯米贵”——每日午饭后都会在布铺门口坐在一张椅子上乘凉，

普通话音频

粤语音频

打瞌睡。

有一日，已经到了晚上8点多，广大布铺的老板还不见“糯米贵”进来吃饭，就去问他为何不来吃饭，“糯米贵”说：“都没米了，吃什么饭？”

老板很是惊奇：“没有米你咋不跟我说？”

“糯米贵”说：“我在一张烟纸上写了‘今晚无米’几个字，贴在米缸上啦。”他这话把老板气个半死。

又有一次，老板让“糯米贵”杀鸡招待客人，结果“糯米贵”顺手把老板用来报晓的大公鸡杀了。事后老板好几天早上听不见鸡啼，一问之下，“糯米贵”答道：“你不是让我杀一只大一点的鸡吗？”

如此这般，几次之后，老板终于忍不住把“糯米贵”辞退了。谁知因为少了“糯米贵”坐在门口打瞌睡，来佛山买布的农民都找不到“广大布铺”，老板的生意一落千丈。而“糯米贵”去了别家布铺打工，又把这一家的生意带旺了。

后来大家都说“傻人有傻福”，“糯米贵”虽然办事不力，但却为店铺带来了好运。

古朗天市街
——小镇自有真风景

佛山顺德杏坛镇有个古村落叫古朗村。村里有一条街道名为天市街，是当地早年主要的商业聚集之地。关于古朗村和天市街，还有一个有趣的传说故事。

相传清朝乾隆年间，当地有个名叫伍道荣的书生上京赴考，考题要求描述家乡景象。伍道荣思索片刻，写下七言诗一首："龙波水灵金鲤跃，一朝折桂登龙门。天市景色世间少，金龙彩凤出青云。东边红日彩霞现，西面竹林紫气生。太平盛世人称颂，双凤朝阳舞东风。"

乾隆帝看诗后派遣钦差大臣快马赶往古朗探看虚实。钦差回宫禀告皇上，说古朗与诗中所述相差甚远。乾隆帝龙颜大

普通话音频

粤语音频

怒，马上传召伍道荣。伍道荣不慌不忙地解释：“小民家乡的那条小河叫鲤鱼涌，入口处便是龙波坊、水灵坊，‘龙波水灵金鲤跃’便由此而来。小河到村中分叉处叫择桂坊，河上有座石拱桥叫引龙桥，俗话说鲤鱼跃过龙门便能攀折丹桂，这便是‘一朝折桂登龙门’的意思。引龙桥的两岸是天市街，转向南的河上有另一座石拱桥叫起凤桥，桥的东侧是青云坊，‘天市景色世间少，金龙彩凤出青云’说的就是此意。起凤桥的东侧是东边坊、太平坊，西侧是竹林坊，小河流经本村的最后一个坊是双凤坊。诗的后四句‘东边红日彩霞现，西面竹林紫气生。太平盛世人称颂，双凤朝阳舞东风’，就是对这些景物的描写。”

乾隆帝听完后，只好恕伍道荣无罪。此事让人们知道了岭南顺德有个古朗村，一时传为美谈。

惠州、梅州

金带街

——金带由来故事多

惠州的金带街，始建于明朝洪武年间，是一条有着悠久历史的街道。时至今日，金带街上还有许多古朴的建筑物，也聚集了不少古玩书画店铺，是惠州的九街十八巷之一。

金带街在历史上不但商业繁华，也是学人辈出之地，金带街著名的学馆——“宾兴馆”就曾出过多位进士和举人。

金带街这个名字的出处有好几个不同的说法，有人认为是因为这条街东接水门路东城墙，西联惠州西湖的西城墙，犹如一条带子，故名金带街；也有人说是因为街里曾经埋藏了一条金带；当然也有人将街名与曾经在惠州任职的苏轼扯上关系，说这条街是苏轼捐出御赐的金犀带修建的。

普通话音频

粤语音频

金带街作为惠州著名的古街道，有不少名胜，例如，五巷7号的梅花馆是东江华侨回乡服务团总团部的旧址、61号的大宅是明代理学大师杨起元的故居，而经过修缮的“宾兴馆”则是清朝道光年间少有的用于资助科举而建的场馆。

而在金带街的北段，有一条小巷子。这条巷子只有一米宽，两边都是高墙，地面铺设着大理石块，人在其中行走，如果穿木屐或者硬底鞋，便会发出叮叮咚咚的脚步回声，被人们称为“叮咚巷”，是一处极具特色的居民景点。

谷行街

——谷物变成硬通货

惠州的龙门县，始建于明朝弘治年间。县里有一条有着400多年历史的老街——谷行街。

自古以来，谷行街就是龙门县最繁华的商贸集市，一直都有附近各地的村民来到谷行街趁圩（赶集）。本来这条街并没有谷行这个名字，是因为很多村民都将稻谷带到这条街上来摆卖，于是大家就将这条街称为“谷行街”，并一直沿用至今。

1949年前后，“谷行街”这个名字变得更加名副其实了。原来，在1949年以前，国民政府搞金圆券改革，导致货币大幅贬值，所以到了1949年后，当时的县政府为了稳定市

普通话音频

粤语音频

场，保障百姓生活，就暂时以谷物代替货币，让大家用粮食换取其他食品和日常生活用品。如此一来，谷行街上的谷物就变成了硬通货，与街名正好相互呼应。

随着经济发展，谷行街不断扩建，至今依然是当地最兴旺的市场，售卖的商品当然越来越丰富，再不仅限于谷物了。

水东街

——一街挑两城

惠州水东街的历史，可以追溯到明朝万历年间，当时的归善县治所从桥西惠州府城迁至桥东白鹤峰下，隔江而望，水东街就是连接两城的重要通道，构成了“一街挑两城”的格局。

传说很久以前，水东街有两户门对门的商家，一户姓龙，一户姓杜。龙家由于招牌老，天天门庭若市生意兴隆；而杜家的生意虽然不如龙家，但一日三餐也能过得去，也心满意足。一个大年初一的早上，杜家媳妇正在厨房准备拜神用的东西，一不小心把碗栈弄倒了，她先是一愣，接着甜甜地喊起来：“阿妈，我们栈倒（与‘赚到’同音）了。”家

普通话音频

粤语音频

婆听后也笑眯眯地说：“我们盛起来。”

自此之后，杜家的生意竟渐渐好了起来，而且越做越好，如此一来，人们都认为是杜家媳妇大年初一说了好话的缘故。对门龙家的家婆见杜家客来客往接连不断，十分妒忌，于是偷偷做了个“穷毛鬼”，叫媳妇半夜插在杜家门前。第二天清晨，杜家媳妇开门见到门前立了个“毛鬼子”，转头便高喊：“阿妈，财神爷来到我们家了，你快来接啦。”之后杜家家婆每天诚心焚香跪拜。又过了一年，杜家家婆对那“毛鬼子”说：“财神爷，您这一年在我家保佑我们生意兴隆，人丁兴旺，我们实在感恩不尽，现在我送您回您主人家去。”于是叫媳妇将它插回龙家门口。第二天早上，龙家媳妇开门看到，惊慌失措地跑进屋喊：“阿妈，你快来看呀，我们的‘穷毛鬼子’回来了。”这话气得她家婆当即昏了过去。从那以后，龙家的生意一落千丈，最后竟至倒闭收场。

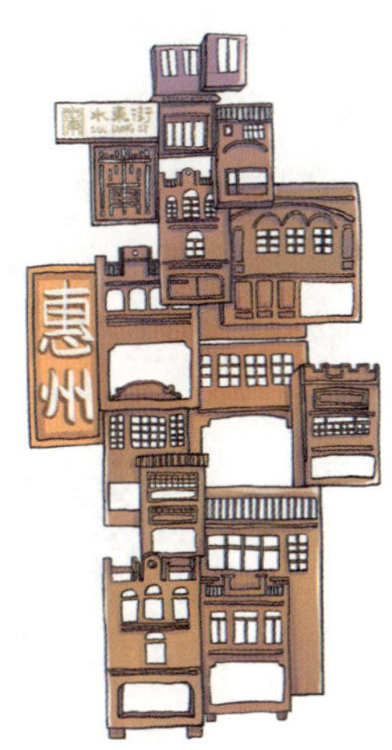

这些民间传说固然大都是无稽之谈，但与人为善、害人之心不可有的精神倒也是导人向善。

——楼角凌风迴，孤城隐雾深

梅州的凌风路位于梅州市梅江区江北老城区，从北宋始筑土城到清朝初期的600多年间，多次扩建或重修。

1932年以前，凌风路颇为狭窄，不能通汽车，逢年过节人们熙来攘往，非常拥挤。时任梅县县长彭精一，与地方人士组成了一个“城区市政委员会”，把凌风路四周旧城墙拆除，拓宽街道。凌风路分为凌风东、凌风西路，全长1000米，街道拓宽到8.5米左右，街道两边逐渐修建了不少中西混合设计的骑楼式商业建筑，成为当地一个繁华之地。

凌风路的名字，据说是为了纪念南宋名臣文天祥而起的。南宋末期，丞相文天祥起兵勤王，曾率兵收复梅州，后

普通话音频

粤语音频

与元兵转战于赣闽粤三省边区，最后在海丰五坡岭兵败被俘，被解送到元大都。面对元朝皇帝忽必烈的劝降，文天祥始终坚贞不屈，最后被杀。他在被囚禁于元大都监狱期间，写下了不少诗词作品，其中一首《梅州第六十六》中有“楼角凌风迥，孤城隐雾深”的句子。

明朝万历年间，当时管辖梅州的潮州知府郭子章顺应民意，为纪念文天祥曾击退元军平定梅州，将梅州南门沿江一条街命名为“凌风路”，并在老南门楼上建了一座“凌风楼”亭阁。后来由于梅州城扩建，旧城墙被拆除，“凌风楼”也被拆除了，但凌风路的名字则保留了下来。

东莞
1950

牙香街

——莞香扬名海上丝绸之路

位于东莞寮步镇的牙香街，曾经是“海上丝绸之路”香料贸易的起点，被称为“寮步香市”，与广州花市、廉州珠市、罗浮药市并称广东“四大名市”。

寮步香市，始于宋朝，盛于明朝，败于清末。明清时期，“莞香”在此集中，经加工后运抵香港出售，远销东南亚和阿拉伯地区。据说，当时运香商船大多停泊在九龙尖沙咀，堆放在码头的莞香香气扑鼻，以至于整个岛屿都弥漫着香气，因而得名“香港”。

而牙香街则是寮步古代13条专业街中，集中销售莞香的一条街道。如今的牙香街正是明清时期古街道原址，街名也

普通话音频

粤语音频

一直沿用至今。

在牙香街中心广场上，立有一尊“女儿香”雕塑。传说，香农们从山里采回沉香，清理工作一般由村里未出阁的姑娘负责，她们经常将香块藏在身上，所以莞香还有一个美名叫“女儿香”。

在牙香街上，还流传着这样一个故事。20世纪70年代，惠阳一位老香农将香木挑到东莞寮步的牙香街售卖。这担香木品质极佳，最终以5000元的高价成交，这在当时无疑是一笔巨款。老香农担心乘坐大巴不安全，决定徒步返回惠阳老家。于是，老香农经过数日的艰难跋涉，终于平安到家。这个故事成为了莞香贸易中的一段传奇，不仅生动地展现了当时的社会风貌和莞香贸易的繁荣景象，更让我们感受到香农的谨慎与坚韧。

凤来路

——凤凰台上金鸡叫

东莞莞城的凤来路，原名“凤来里”，是一条有着悠久历史的街道。

凤来里原本是靠着道家山的，在道家山上有个凤凰台，相传曾有凤凰聚集于此，于是形成了“凤来里”的地名，顾名思义为凤凰登台之路。

清康熙《东莞县志》记载：“道家山在城内西南，昔有道人修炼于此，故名。其上有凤凰台，相传有凤凰集焉，邑中文士构亭台畔。”明代以来，东莞人一直把凤凰台列入“东莞八景”，美其名“凤台秋霁”，诗词有曰“凤凰台上金鸡叫”。而凤凰台原址在宋朝时建有上清观，旁边有雁

普通话音频

粤语音频

塔，凡有中举者均在塔碑上题名。

岁月变迁，沧海桑田，当年的“凤台秋霁”已不复存在，“凤凰台上金鸡叫”也成了记忆。到了清朝末年，凤凰台已经倒塌，只剩下台基，其旁边的雁塔和上清观也相继倒毁。凤凰台被誉为东莞诗脉所在，是东莞文化的重要象征，后来东莞地方政府启动重修凤凰台工程，当时的凤凰台是一座铜制凤凰雕像。在建设西城楼文化广场期间，原有凤凰铜像被拆除搬迁至市人民公园。

2005年，莞城还在文化广场重建了凤凰台雕塑，以传承和传播东莞地区的文化传统。

新埠正街

——自梳女的约定

东莞横沥镇的新埠正街建于1929年，由横沥镇、常平镇和东坑镇的朱、谢、丁、香、苏、周等十姓人氏筹建。当时，广东省“三大牛圩”之一的横沥牛行就设在新埠正街，牛行买卖肉牛和耕牛，生意十分兴隆，带动了街道的商业发展，时至今日仍保留有古老的牛行和“三鸟”行。

在新埠正街的核心位置，有一栋特别的两层青砖老房子，哥特式装饰风格，被当地人称为“华侨宿舍”。这栋“华侨宿舍”还有一个关于自梳女的励志故事。

据说在20世纪30年代，横沥有很多年轻女子自梳发髻，誓言终身不嫁，成为自梳女。当时，新埠正街正在扩建，街

普通话音频

粤语音频

道两旁准备建大批骑楼。10多名身在横沥的自梳女得知此事后，打算筹资在这里建一间房子用于养老居住。她们各自联系自己的姐妹们筹集资金，最终有60多人凑了份子成为“屋主”，不但横沥，连茶山、常平、东坑的自梳女都加入了。据老一辈人说，她们选择了街口最核心的位置，建了一栋在当时来说很气派的建筑。大屋落成的时候，自梳女们都回来了，还照了一张60多人的大合照挂在屋子的墙上。她们约定任何一个出资人回来都可以住在这里，钥匙交给几名在横沥的姐妹保管。

后来，自梳女中有很多人下南洋谋生，成了华侨，所以这栋老房子也被称为“华侨宿舍”。不过出洋之后，大部分人都在当地定居，难得回来，所以据说多年来只有一位当年的“屋主”回到此地养老。

赐归巷

——挂帅出战的文官

位于东莞莞城的赐归巷，是一条不到百米长的小巷子。在小巷里，至今保存着几座清代青砖红瓦老屋，巷口上方还有一块石砌的横额，上面用草书写了“赐归巷”三个字。这块横额是十几年前重砌的，据说以前的横额是用红砂岩做的，记载了一个忠君爱国的故事。

相传，在明朝永乐年间，东莞有个名叫罗亨信的人任左副都御史。一次，交趾侵犯边境，因为罗亨信为人正直，被朝廷里的奸臣视为眼中钉，他们趁机向皇帝“举荐”罗亨信，让他这个文官挂帅出征，迎战交趾。等着他打了败仗，就把他拉下马。奸臣们没想到的是，罗亨信领命出征之后，

普通话音频

粤语音频

屡战屡胜，最终平复交趾之乱，获皇帝嘉奖。这时的罗亨信年事已高，加上旧病复发，本来想上书请求辞职归乡。但此时他又得知宦官善宁与外敌私自议和，于是坚持到底，设法将善宁捉拿归案。为此，皇帝还亲赐玺书表扬他“为国除患”。

随后，罗亨信被召回京，他便上表请求归家安度晚年。皇帝见他确实年迈，便准他辞官，除钱物外，还赏赐了马匹、船只，让他衣锦还乡。罗亨信荣归故里之后，定居在莞城市桥之西，而“赐俸荣归”的匾额也用红石雕琢，挂在巷口门上，从此这条巷子便被称为“赐归巷”。

大夫巷

——古代的进士村

南社村位于东莞市茶山镇，是一个有着800多年历史的古村落，原名南畲村。当年因为村落建于南畲塱附近，所以命名为南畲村。后来又因“畲”字与“蛇”同音，为百姓所避忌，于是改为“南社”。

在南社村里，有一条大夫巷，位于当地著名的谢臕书院之后。小巷的楼房之上，有一块木匾，上书“藜照”二字。

据说这个“藜照”，是源于“刘向燃藜读经”的典故。刘向，原名更生，西汉时期著名的经学家，官至光禄大夫。传说有一日，刘向在天禄阁校书，直至深夜烛尽灯灭，仍不肯就寝，于是在房中背诵经书。忽然，他见到一位黄衣老人

普通话音频

粤语音频

手持青藜杖，入屋之后对着青藜杖顶端吹了一口气，藜杖竟燃烧起来，照亮整个房间。刘向连忙向老人行礼，询问老人姓名。老人答道："我乃太乙之精，闻知有学子勤勉，特来探视。现赠你《洪范五行》之文，你好生研读。"说完，在怀中取出一部经书，传给刘向。后来刘向刻苦研读，终成一代宗师。

不过大夫巷的得名，则与刘向无关。此地是南社谢氏子弟谢膺的故居。南社谢氏一向重视耕读传家的传统，自先祖定居此地起，就集资奖励子弟读书上进，考取功名。据记录，南社谢氏曾出过7名进士、11名举人，被费孝通誉为"古代进士村"。因此，这条位于谢膺书院背后的小巷，便被命名为大夫巷，既为纪念谢氏优秀的子弟，也为彰显当地人求学上进的文化传统。

中山

唐屋巷

——老牛也知恩报德

中山石岐区有一条叫做唐屋巷的小巷，名字中的“唐屋”有一段让当地人津津乐道的善人故事。

清朝乾隆年间，铁城东门住着一位商人唐锦云，人到中年尚未娶妻，虽不富裕，却心地善良、乐善好施。

一天晚上，唐锦云在睡梦中看见一个留着长须、身穿黑衣的老人步履蹒跚地走过来，央求唐锦云救他。唐锦云问：“要我怎样救你？”老人说：“明日早上便知晓。”唐锦云正想问个清楚，就从梦中惊醒了。

第二天早晨，唐锦云见一农夫牵着一头病恹恹的老牛进城屠宰，老牛不肯走，农夫鞭打着老牛。唐锦云仔细一看，

普通话音频

粤语音频

发现老牛正看着自己不停流泪。他于心不忍，就走上前去问农夫可否将牛卖给他。农夫说：“只要你能牵动此牛就卖给你。”于是唐锦云从怀里拿出银子交给农夫，接过牛鞭，对牛说一声“走”，老牛竟真的乖乖跟着他走了。

唐锦云把老牛牵回家，精心照料。一天，老牛挣断绳索，把后院围墙踢倒，拼命用牛角掘围墙下的泥土，只见泥土之中有一个瓦埕，里面竟装着许多银两。

后来，唐锦云用这些银子做起了生意，还娶了妻子，又在中山东门街买下一块地，起了大屋，称为唐屋。于是，唐屋所在的这条街就被称为唐屋巷了。

——城楼下的八仙宝盘

相传在宋朝，中山市东区库充有个名叫陈天觉的老实人，因家中贫困，替本村一家财主放鸭勉强度日。

一天晚上，陈天觉梦见一位白发长者对他说："明天八仙遨游东海蓬莱仙岛在此经过，需你搭救。"陈天觉梦醒后虽觉得奇怪，但还是记了下来。

第二天陈天觉放鸭时遇见一位叔伯抓获了八只青蛙。陈天觉想起昨晚的梦，难道八仙与这个有关？于是就让叔伯，把青蛙给他。陈天觉把八只青蛙放生在坎水河，谁知青蛙蹲在一个瓦盆边上又漂了回来。他用赶鸭竿将盆推走，青蛙却跳入水中不见了，只剩下一个瓦盆。于是陈天觉就用这个瓦

普通话音频

粤语音频

盆装谷物来喂养鸭子。

谁知自从用那瓦盆装谷以后，谷物一直都满满的，鸭子总是吃不完。于是，他将盆捧回家放了些铜钱下去。铜钱竟然变成满满一盆。从此，陈天觉便渐渐富裕起来。

后来，香山设县在石岐建城。但城南有湍急的河流汇入，石块泥土填入水中立刻就会被淹没，当地人无计可施。陈天觉以乡土为重，献出了宝盆。大家用宝盆装了泥土倒在水里，水竟然慢慢平静下来，南门城楼亦终于得以建成。城楼上面还起了一座方塔，用来继承宝气，令城郭得以安定。后来，楼下的石板街就被称为“方塔街”了。

莲塘街

——中举与莲花开的秘密

中山市石岐区的莲塘街是一条历史悠久的街道，始建于清朝乾隆年间，距今已有近300年的历史。

相传在很久以前，这里有个莲花池塘，荷叶层层叠叠，铺展开来与蓝天相接，景色令人陶醉，但唯一的缺陷是极少开花。石岐莲塘街有个姓郑的大家族，传说郑姓家族中但凡有人中了科举，莲花池塘就会开出莲花，中一个开一朵，中两个就开两朵。有一年，莲花池塘忽然开出二三十朵莲花，郑姓家族的人见了十分欢喜。这件事一传十、十传百，都说今年郑家要发达了。消息传到主考官那里，主考官是个外省人，他偏不信这个邪，心想："中科举的人皆由我阅卷、选

普通话音频

粤语音频

拔，今年我偏不看中山郑姓考生的卷，看你如何能中？”

于是在考试结束后，主考官吩咐随从把中山郑姓考生的20多张试卷全部塞入一个瓦埕，丢到一边，他一眼都不看。

谁知，一天晚上考场突然失火，试卷全部被烧光。主考官无法交差，急得想要自杀。幸好随从提醒他，还有一埕中山郑姓考生的试卷完好无损。主考官一听大喜过望，连忙叫人取出那埕试卷，一一点中。就这样，郑姓考生竟真的全都考中了。喜讯传到莲塘街，郑家人都说，莲塘开的花果然又应验了。

南来巷

——宁可犯天条，也不犯众憎

在中山市小榄镇的白莲池街道，横向最大的一条巷叫“南来巷”，约有100米长。相传这条巷子的巷名和先民迁居到小榄的经历有关。

据说，早期从北往南迁来小榄定居的中原人大多不在这里聚居，他们有各自的聚居地。到了明朝中后期，有麦、李、何等姓氏的分支在此地聚居，为了不忘祖先南来开垦种植、繁衍发展的艰辛功劳，于是就将这个地方叫做“南来巷”。

关于南来巷，还有一段流传于民间的典故。话说在民国时期，巷内有一富户叫张勤，他除了租耕地给佃户，还雇佣

普通话音频

粤语音频

人蒸酒、养猪，每天占用巷口的水埗头清洗猪粪。而这个水埗头是全巷居民唯一打食用水和洗衣物的地方，被他占用之后，河水受到污染，居民生活大受影响，大家都很气愤，但张勤家大业大，大家又奈何不了他。于是，巷里有位稍通文墨的居民，就写了首打油诗：“将近听衰，勤落猪屎，龟仔可恶，公众气愤”，内含“张勤龟公”四字，对张勤大加讽刺。这首打油诗贴出后，一时之间被传得街知巷闻。张勤这才知道民愤之大，俗话说“宁可犯天条，也不犯众憎”，此后，他再也不敢占用水埗头倒猪粪，水埗头的水质也恢复了原来的洁净。

时至今日，南来巷仍然是一条有着许多古旧平房的街巷，清末民初的建筑风格随处可见。

迎恩街

——老街新韵孙文西

位于中山市区的步行街孙文西路，是当地一条著名的商业街，路上布满中西结合的南洋风格建筑。据说这条步行街隋唐时期就已经存在，原来的名字叫“迎恩街”。

1925年，孙中山逝世，为纪念孙中山，当地政府决定将迎恩街改名为孙文西路。孙文西路上的南洋风格建筑，大部分都是民国时期华侨回国修建的。当时中山地区的商业相当兴旺，孙文西路上有不少知名商号，如永安侨批局、思豪酒店、汇丰公司等，都是远近闻名的企业，如今在孙文西路上仍可寻到它们的旧址。

在孙文西路步行街的街头，有一个著名的人力车雕塑，

普通话音频

粤语音频

是孙文西路的地标之一。雕塑取材于一幅孙科扶卢太夫人上黄包车的旧照片，据说当年制作时为求逼真，除雕塑人像的头部之外，全部使用实物翻模，黄包车更是专程从珠江电影制片厂借来实物直接翻制。

人力黄包车是清末和民国时期当地的主要交通工具。当时因为石岐拆城建街，修建了不少马路，孙文西路作为主要道路，每日都有大量人力黄包车在路边等客，道路上穿梭奔走的都是奔跑的黄包车夫和黄包车。直到抗战胜利之后，脚踏三轮车才逐渐取代黄包车，成为主要的搭客交通工具。

到了20世纪八九十年代，中山市评比“中山十景”，孙文西路的“老街新韵”被评为十景之一。2023年，孙文西路还入选国家级旅游休闲街区，是游客到中山游玩的打卡地之一。

江门

——月是故乡明

江门地区是著名的侨乡，其中启明里正是一个拥有百年历史的华侨村落。

在清朝晚期，五邑地区农村的社会治安较差，唯有江门一带情况较好，因此回乡的华侨往往倾向于选择在此地修建房屋。

1914年，旅居新西兰的华侨集资组建集成置业公司，在石湾村附近置地建房，其中以华侨黄黎阁为首，修建了四座三层楼房，命名为“启明楼”。随后，大众将此地命名为“启明里”，沿用至今。在民国期间，不少江门华侨均选择回乡建房，继而形成了启明里华侨村落。

普通话音频

粤语音频

据说，当时有位老华侨在海外的生意做得很好，全家上下都已移居海外。但他对故乡一直念念不忘，听说其他华侨回乡建房，便托人携大笔资金来到启明里修建房屋。建好之后，房主因为生意繁忙，始终抽不出时间回乡看看自己的房子，便托人拍了一张房屋的照片带给他，以缓解思乡之情。

收到照片后，老华侨将照片时时带在身边，逢人便拿出来说：“这是我在家乡的房子，是不是很漂亮？”但直到老华侨在海外去世，依然没有亲眼看过自己在家乡的房子。

启明里的老房子，不仅仅是华侨们落叶归根的归宿，也是华侨们乡愁的寄托。

现在，启明里经过重新开发，已经成为当地的网红社区，除保留侨乡建筑特色之外，还设有各种侨乡文化特色展览，定期举办各种活动，是年轻人的热门去处。

余庆里

——此处有个小广州

“二五八日江门圩，既买锄头又买书。”明代大儒陈白沙诗中的“江门圩”，位于如今江门长堤历史文化街区的圩顶街周边，这里被称为江门的“城市原点”。

宋代，西江支流蓬江流过蓬莱山和烟墩山，两山对峙如江之门户，“江门”因此得名。元末明初，农户商贩在蓬莱山上摆摊叫卖，逐渐形成名为“江门圩”的市集，因街圩在地势高处，故名“圩顶”。

圩顶片区的余庆里，曾是清代新会县县丞署，是江门历史上第一个县级官衙。辛亥革命后，江门商会的十多位商人集资组建了余庆公司，买下县丞署土地，划分了四巷三排的

普通话音频

粤语音频

里坊格局，按统一每幢两层两户高低相同，屋内布局一致，外观设计和巷道划一的规格来建造住房，并取“积善之家，必有余庆”之意，将该片区命名为余庆里。因建筑质量的保障、合理的住宅规划方案以及良好的治安环境，此地成为当时江门的“高档住宅区”。

20世纪初期，广州推行城市市政建设，建设大片骑楼建筑街区，带动了五邑地区大修骑楼之风。1920年起，江门本地富商和华侨陆续在蓬江河北岸一带斥资建设中西合璧的骑楼。1929年，江门成立市政促进委员会，在民间筹资，于上述骑楼群中修筑长堤、建设马路。20世纪30年代，骑楼街一带的工商业及娱乐、物流等行业风生水起，各类华洋杂货一应俱全，一度有“小广州”之称。

——牛屎巷竟是金融中心？

在江门地区的台山市，有一条骑楼街叫“西宁市”，又俗称为“牛屎巷”。为什么这条街有这样的一个名字呢？

原来，台山以前买卖牛只，主要集中在台城西宁市指定区域交易，而且牛车在当时是重要的运输工具，每逢圩日，不少周边乡镇的村民就用牛车拉货来这里摆卖，散圩之后经常留下遍地牛粪，那一带就被形象地称为“牛屎巷”。

19世纪中叶以后，台山成千上万的贫苦民众离乡背井，前往遥远的美国、加拿大、澳大利亚等国家谋生，他们将辛苦赚到的银钱大都汇回家乡给亲人。从清末民初，侨汇资金大量流入，至抗战全面爆发前，侨汇资金数额达到历史

普通话音频

粤语音频

高峰。银钱的大量汇入，促进了台山钱庄业的迅速发展，金铺、银号遍布台城各主要街道。在当时，无论是政府银行还是私营金融机构，都积极在台城开设经营银信业务的金融组织。民国时期的台城，经营银信业务的机构、店铺达到百家之多，其中近八成分布在西宁市。如最著名的天华银号、大正银号、义丰银号、华丰银号、裕亨银号、宝泉银号等都分布在西宁市。西宁市也因此成为台山侨乡的金融中心、闻名中外的“万国荷包”。

经过近百年的风雨，昔日的商业中心如今依然充满经济活力，繁荣兴旺。

楼冈网圩

——一年只开一天的圩

在开平长沙楼冈有个村级的农村小圩，一条300多米的街道，平日平平无奇，卖的都是日常用品。但是每年农历八月十一日，这里就有来自省内外各地的渔民、渔网商人，街上摆满了各式各样的渔具如网、罟、虾笼等，这就是一年一度的“楼冈网圩”，至今已有300多年的历史。据《开平县志》记载：“是日，凡顺德、新会、新兴、恩平、台山各县渔民所织造之网，先期运至，以待发售。其邻县购网者亦结队齐到，初十夜旅客露宿，挤拥达旦，他市所未有。”

相传，明朝灭亡后，有些遗老遗少要反清复明，每年都聚在这里交流情报，商议大计。其时，开平的船民黄三、温

普通话音频

粤语音频

观彩等人积极响应反清复明的起义。他们通过楼冈网圩的网市活动，利用传说中的“神仙网”为号召，联系组织各地船民和起义军，虽最后起义失败，但网圩活动一直延续下来。

“神仙网”是一个传说故事，传说每年的农历八月十一，会有一位神仙拿着一张渔网来到市场出售，谁能买到这张“神仙网”，不管在什么地方打鱼，都一定会获得丰收。因此，吸引了邻县甚至是邻省的人远道来此趁圩，希望有幸买到这张“神仙网”。

江门北街

——先有北街，后有江门城

江门北街位于江门市蓬江区，坊间流传着“先有海关，后有北街；先有北街，后有江门城”的说法。为什么会有这样的说法呢？这就要从江门海关的建立讲起。

据说，江门的北街所在地是两江河道，是一片荒凉的狭长河滩。到了明清时期，人们陆续修筑围堤，把河滩变为耕地。其间，北街的地势也逐渐高了起来，附近的村民便在上面种植桑树。1897年，中英签订《续议缅甸条约附款》，江门被辟为停泊上下货物的口岸。同年9月，粤海关供事卢祥拿着粤税务司签发的印照来到江门选址，只见此处是一片桑地，无人居住。经过一番勘察，粤海关向业主杨荣耀租赁了

普通话音频

粤语音频

1.52亩桑地，并雇人草草搭起了几间棚屋和一个临时码头，约一个月后，江门上下客货口便在北街正式启用。

到了1902年，中英《续议通商行船条约》正式将江门辟为通商口岸，随后粤海关继续扩租周围的土地，合计共20多亩，在此兴建江门海关。同年，北街第一幢砖木结构的永久性建筑——江门海关办公室建成使用。至清末，海关在租赁的桑地上共建成永久性建筑3幢。民国时，又租地兴建了税务司公馆、私货仓、验货厂及员工宿舍等，形成了海关建筑群。海关办公楼建成后，人们才在海关两侧陆续建起了楼房，西江河边逐渐形成了一条街。

随着街道越来越多，北街也逐渐发展成一个社区，于是大家又将“北街”称为“海傍街”。

肇庆

明直街

——君明臣直三进士

在宋宁宗年间，时任南京府宣徽院正议大夫的梁绍基辞去官职，从南雄珠玑巷几经辗转，来到肇庆的升俊坊定居。

进士出身的梁绍基虽然离开官场，但对后辈的教育仍然十分重视，保持了诗书传家的家风，其后人自然人才辈出。在南宋淳祐元年（1241年），他的儿子梁斗南考中进士，到了咸淳四年（1268年），他的两个孙子梁世美、梁世英更是成为同榜进士。升俊坊“一门两代三进士”的佳话，自此流传甚广，梁氏家族也因此成为肇庆地区文化世家的代表。在明清时期，梁氏的后人依然不乏中举之人。

为了纪念梁氏的事迹，后人将升俊坊里的一座庙改名

普通话音频

粤语音频

为“明直庙”，又将街名改为“明直街”，寓意“君明臣直”，也寓意街上的居民“聪明正直”。其后此街经过多次更名，一度称为明直里、明直路，最后还是恢复了明直街的称呼。

如今，这条街上保留了不少传统的元素，如趟栊门、竹筒屋等，游历其中仍可体验传统岭南城市的独特风貌。

米仓巷

——包青天的“民生工程”

在宋仁宗康定元年（1040年），名臣包拯来到端州任职。这时候的端州，还没有因为端王赵佶成为皇帝而改名肇庆，还只是一个偏远落后之地，仅以贡品端砚为世人所知。

包拯到任之后，一改以往地方官员搜刮端砚的歪风邪气，除上供朝廷的贡品之外，只砚不取，留下了“不带片砚归”的佳话。除此之外，包拯在任上对于民生工作也多有功绩，如大力兴修水利、修建星岩书院等。在粮食丰收之后，包拯又组织人力在州衙附近的高地上修建粮仓，储存粮食，以备不时之需。

随着粮食越来越多，粮仓也越建越多，逐渐形成了一条

普通话音频

粤语音频

街巷。粮仓原名广储仓，元代改名为广济仓，明代又改名为丰济仓。到了清代，此处不再用作储存粮食，改作驻军守备之用。

到了现代，当地人民为了纪念包拯的功绩，便将这条当年粮仓所在的巷子称为米仓巷，延续至今。

米仓巷里除了丰济仓的遗迹外，还有一口“包公井”。据说当年包拯在端州任职期间，百姓因为饮用水不洁净，经常引发疾病。于是包拯就组织人力在端州城勘探地质，挖了七口井，以保障当地用水安全。这七口包公井的遗址均已被考古学家发掘出来，米仓巷的这一口是没有被填埋的两口井之一。

阅江路

——北伐雄师从此出发

肇庆市区有一条长长的老街，有接近一公里的长度。一般的老街很少有这样的长度，而这条老街之所以这么长，是因为它由五条古街巷合并而成。这五条古街巷分别是三埠、迎祥、桂兴、擢桂和镇南，后来五条古街巷合称为“东风路”，到1981年更名为“阅江路”，沿用至今。

阅江路因毗邻阅江楼而得名。肇庆阅江楼是著名的历史建筑，始建于明朝宣德年间，既是文人墨客云集之地，也见证了许多重大的历史时刻。南明永历帝曾在此地检阅水师，晚清名臣彭玉麟曾在此指挥抗法之战，叶挺独立团团部也曾设于此地。

普通话音频

粤语音频

如今，阅江楼除了是叶挺独立团团部旧址纪念馆，还收藏有康熙皇帝手书的御碑，极具历史与艺术价值。御碑原本有六块，抗战时期因日军空袭而遭到损毁。其后有五块经过修复，已重见天日，向游客开放。

阅江楼最初为崧台书院，因此阅江路也吸引了许多读书人在此聚居，自古以来人才辈出。晚清名臣冯誉骥、物理学家吴大猷等均曾是阅江路的“街坊”。到了晚清时期，阅江路一带成了匠人集市，几乎家家户户都加工香烛、蒲扇等物品。因为临近大简圩码头，交通便利，阅江路一带的集市一度十分兴旺。

八贤里

——八位忠心太监的故事

在肇庆城北路有一条小巷，名为“八贤里”。据说，八贤里这个名字，源于这里曾有一座八贤祠。而关于八贤祠，在肇庆民间有不少传说。

传说在很久以前，有一个偏安皇帝建都肇庆。那时候，在岗尾曾有一位以卖菜为生的姓程的“后生仔”（年轻人），他每天担菜去卖都要经过北门闸口，但那闸口很窄小。每次经过闸口，菜担不是碰到行人身上，就是碰在闸门上，弄得菜担摇摆不定，行走不便，于是他暗自立誓，如将来发达了，一定要把这里拓宽。一个偶然的机会，“后生仔”在观音庙与当朝公主相遇，公主对他一见钟情，并思念

普通话音频

粤语音频

成疾。皇帝知道此事后，也无可奈何，只得御赐“后生仔”为探花，将他召做驸马，还特地修建了驸马府，派了八个太监侍奉公主和驸马。程探花当了驸马后，没有忘记自己的誓言，果然派人将北门闸口及附近的路段拓宽了。

谁知程探花的舅父见他发达了，就整天向探花要钱。探花渐生反感，不再给舅父钱。他舅父从此怀恨在心，便设计把探花毒死了。程探花死后，公主很悲伤，她也自杀殉夫了。那八个太监见驸马爷死了，公主也死了，认为很难向皇帝交代，也一个个自杀了。人们敬佩那八位太监的忠心，就在他们自杀的地方建了一座八贤祠纪念他们，又把八贤祠附近的一条小巷称为八贤里。

不过，传说归传说，根据地方志记载，八贤祠原本叫净名寺，明代改建为八贤祠，祭祀唐代张柬之、李绅和宋代刘挚、邹浩、胡寅、胡铨、雷正、张世杰八人。后来清代的梁鼎芬还曾撰写楹联：“流落岂云悲，独怜迢递修门，无路再陈万言疏；精诚倘来格，应念徘徊壤屋，有人重赋八哀诗。”

潮汕地区

义井巷

——帮了皇帝的一口井

潮州古城是一个有着悠久历史的地方，徘徊其中，往往令人有种时光倒流之感。而在潮州古城众多的知名景点之中，“十大巷”是颇具特色的去处。

所谓“十大巷”，指的是潮州古城城南的猷巷、灶巷、义井巷、兴宁巷、甲第巷、家伙巷、石牌巷、辜厝巷、郑厝巷、庵巷这十条巷子，它们在古代都属于仁贤坊，曾是名门望族、达官贵人的聚居地，同时也是潮州古民居、潮州工艺等潮州文化的汇聚地。这十条巷子云集了众多潮州先贤的故居。

“十大巷”的每一条街巷，都隐藏着不少故事，我们先

普通话音频

粤语音频

来讲讲义井巷。义井巷原名叫“佛道巷”，位于太平路与下西平路之间，巷长近300米，后来因东侧太平路一边的巷口正对着“义井”而得名。

相传南宋末代皇帝赵昺被元兵追杀，避难来到潮州，正当口渴难忍时，刚好见路旁有一口井，井水十分清澈，本来正可以一解饥渴，可屋漏偏逢连夜雨，因为逃难仓促，身边并没有可以用来汲水的工具，只能看着井水干瞪眼。赵昺忍不住长叹一声道：“难道井水也欺朕吗？”

谁知话音刚落，只见井水忽然上涌，直至井面。赵昺大喜，掬水痛饮，并将此井赐封为“义井”，“义井”所对的街巷，就被称为“义井巷”了。

如今，“十大巷”中大部分历史建筑都向游客开放，游人可以从中感受潮州悠久的历史与独特的建筑风格，聆听岁月的故事。

——三世尚书，四朝大老

在潮州古城十大巷之中，以辜厝巷的国保单位最多，是一条有着悠久历史的街巷。

辜厝巷原名叫“林厝巷”，源于林熙春。林熙春是明朝万历年间的进士，考中进士之后，他从庵埠移居潮州城，修建了一座进士第，所在的街巷就被称为林厝巷。

林熙春曾辅助四代皇帝，官至大理寺卿、户部侍郎，致仕回乡之后，林熙春依然关注地方民生，为潮州争盐税、减里役，倡筑炮台加强边防，倡议疏浚三利溪，修建桥堤、凤凰台、三元塔等，又筹集秀才科试资费，做了很多惠民实事。明崇祯年间，林熙春病逝，朝廷特赐其本人及祖、父三

普通话音频

粤语音频

代为尚书，称“三世尚书”。古城牌坊街上“三世尚书，四朝大老”的牌坊就是为他而建。

不过后来林氏一族逐渐搬迁，到了明末崇祯年间，大臣辜朝荐家族逐渐移居此地，于是这条巷子就被改称为“辜厝巷”。

辜朝荐是明代潮州后八贤之一，曾任山东道御史、户科给事中等职务，清兵入关之后，他又赴金门支持郑成功抗清、收复台湾。郑成功去世后，辜朝荐前往台湾并在当地去世，而辜厝巷里据说依然有辜氏后人居住。

——抗倭名将俞大猷的故事

潮州古城十大巷的猷巷，位于十大巷的最北端，靠近开元寺。这条猷巷的巷名由来，有几种不同的说法。

第一种，认为早年这条巷子里聚集了不少榨油的作坊，故而被称为“油巷”，后来才改称为“猷巷”。

第二种，认为此处原是开元寺存放香油的地点，所以被称为“油巷”。

至于为何改“油”为“猷”，则与明代抗倭名将俞大猷有关。当时倭寇侵扰东南沿海地区，潮汕一带曾深受其害。后来朝廷安排戚继光、俞大猷领军抗击倭寇，二人取得赫赫战功。其中，在明嘉靖四十三年（1564年），俞大猷调任广

普通话音频

粤语音频

东总兵官，这时不但有倭寇侵扰，附近还有少数民族首领领军造反，可谓腹背受敌。

俞大猷智勇双全，先是单枪匹马去招降了少数民族首领程绍录，继而将多路叛军都纳为己用，共同对付倭寇。最终，在官民联手之下，将倭寇全部剿灭，史称“邹堂之捷”。

为此，俞大猷奏请皇帝，加封开元寺为“开元镇国禅寺”，而潮州人为了纪念俞大猷的贡献，便将“油巷”改名为“猷巷”。

永安街

——有“号”无“货”的商业奇观

1860年汕头开埠为对外通商口岸，自此之后商业繁荣，道路街巷也不断拓展，埠内骑楼街道呈扇形放射状分布，条条通港口。在当地，由永安街、永和街、永泰街、永兴街和升平路组成一个著名的商业街区，被称为“四永一升平”。

在“四永一升平”中，以永安街的大商号最多，它是汕头埠最先经营粮食栈房的街道。有澄海“米王”之称的陈慈黉家族，最早经营汕头至曼谷的红头船航运，后来在暹罗（今泰国）创立陈黉利行，自设火砻（即新式碾米厂），直接加工生产大米出口。此后在永安街开设黉利栈，经营“暹罗米”，带动多家米行在此落户，这里又被百姓称为“米

普通话音频

粤语音频

行街”。

汕头处在南北洋的交汇点，南来北往的货物也在这里集中，不少粮食贸易行兼营其他业务，此类行铺招牌都不标明营业内容。生意做得大、做得杂，因此这些行铺的招牌有“号”无“货”，形成了汕头的独特商业现象。

抗战时期，汕头沦陷，永安街多家商行被日军侵占，成为日寇的物资基地。潮汕地下抗日武装多次成功夺取日寇物资，永安街成为抗日的重要战斗场所。

现在，这一带经过多年的建设改造，已发展成兼具旅游、商业、居住等多项功能的现代街区，向游客诉说着汕头的百年商贸历史。

永顺街
——人人都来舂米志

老汕头埠有很多行业聚集的街道，有“米行街”“雨伞街”“柴秤街”等。永顺街是永平路和安平路交会处西北角的一条小巷，民国时期，这条小巷的街面是鸡苗交易市场，被称为“鸡仔街”。到了20世纪50年代，这条小巷又被称为“舂米志街”。街面两侧都搭着雨篷，雨篷下排列着一个个“踏碓”，有些“踏碓”还安装在楼下室内。人们掘地放入凹型石臼窝，正上方是较硬的木料做成的与石臼窝大小相吻合的碓锥，碓锥连接着一根约2米的扎实木杆，踏脚处再用两石轱辘固定，踏脚下面挖一小坑。用脚踏动木杠，杠起杵落，舂米成粉。

普通话音频

粤语音频

当时的舂米志街生意很兴旺，那时很少有奶粉，婴儿食物除了母乳就是米志糊[1]，人口出生率高，婴儿多，米志糊的需求量很大。到了传统节日，潮汕地区家家户户都要舂米志做粿，生意更旺，往往要预约排队。

随着旧城区的拆建，现在永顺街已融入“永平苑”，舂米的景象已成昔日记忆。

① 米志糊：所谓“米志”原本是一个字——“糦”，是粉末的意思。因为这个字较罕见，后来大家就将其拆成了两个字，称为“米志”。

牌坊街

——潮州状元林大钦

据有关史籍记载，历史上潮州城曾有91座牌坊，是名副其实的“牌坊城”。其中太平路规模较大，集中了39座之多，被称为“牌坊街”。

清末民初，具有南洋建筑风格的骑楼建筑引入广东，太平路逐渐改造成骑楼式商业街，并与明、清石牌坊共存，形成了国内独特的历史文化街区。由于历史上自然和人为因素，在20世纪50年代初，众多石牌坊因“妨碍交通”“不利安全”等而被拆除殆尽。直到2004年，潮州市政府决定复建牌坊街，于是22座曾经存在过的牌坊又重现在牌坊街。

牌坊街的每座牌坊背后都有一段故事，其中“状元坊”

普通话音频

粤语音频

是为了纪念潮州历史上唯一一位状元林大钦而立。这位聪明的状元一生充满了传奇色彩，有许多有趣的故事流传于民间。相传，有一年，广东海阳大旱，颗粒无收，朝廷却照例要征收租税，弄得民不聊生。林大钦决心解救家乡父老乡亲，便想了个妙招。每逢皇帝召他进宫下棋，他每将皇帝一军，就随口念出自己编的有韵谚语：“棋子将一将，海阳免征粮。”功夫不负有心人，几个月后的一天，皇帝和林大钦下棋，正杀得难解难分的时候，林大钦故意卖了个破绽，让皇帝将了自己一军，棋局立刻化被动为主动。皇帝高兴之际，情不自禁道：“棋子将一将，海阳免征粮。”林大钦一听，当即跪地叩头：“谢主隆恩！”

天子金口既开，不能赖账，只能作数。于是受灾的海阳县得以免征官粮，百姓安居乐业。

火烧地街

——放火竟是为救人

在揭阳的榕城西马路南边，有一处居民区，人们称它为“火烧地”，地名牌上也把那里的一条长巷称为“火烧地街”。这个地方为何叫做“火烧地”呢？

相传，早年有个皇帝忽然做了个噩梦，梦见一个巨人闯入寝宫，手持大橘子砸他的头。他被吓醒之后，马上召来国师为自己解梦。国师说：“这是造反的警示。橘子产于南方，必是指南方之人。只要找到名谐‘橘’之地，姓谐‘橘’之人，斩尽杀绝，就可以永保安康。”

于是，皇帝立即命令户部彻查岭南地区有类似“橘”字音的地名，后来在岭南查出揭阳城里有姓揭的家族。皇帝便

普通话音频

粤语音频

下密旨要县令车公在一个月内把姓揭的家族斩尽杀绝。

车公接旨后左右为难，若遵旨枉杀一族百姓，实在于心不忍。但如果拒不执行，那是犯了欺君大罪。最后思来想去，车公想出了一个两全之策。他先是编造童谣，让童谣在百姓间纷纷流传，让全揭阳的人都知道：“城隍老爷奉玉旨，要收揭阳人口。”城里的居民一时间纷纷逃离远走他乡，隐姓埋名。不久之后，揭阳便几乎是一座空城了。

车公见时机已到，夜里便命一班衙役到城南一户姓万的人家的空房放火。不多时，几间空房便烧成灰烬。除此之外，车公还连夜把狱里的几名死囚押赴郊区斩首。

事后，车公把“火烧万家，揭氏已斩尽杀绝，揭阳城已成废墟”等写成奏折，呈报朝廷。如此一来，既应付了皇帝的密旨，又挽救了当地万千百姓的性命。

后来，揭阳人民追溯往事，感念车公的恩德，就把当时那段被烧的地方命名为“火烧地”。

堡城里

——里正卖儿筑城墙

揭阳的堡城里位于揭阳市榕城区，原是城墙脚下的一条小巷。

相传在明朝年间，当地因为经常受到倭寇侵扰，朝廷为保地方安全，决定修建城墙，派兵驻守。当时修筑城墙的政策是：官府出小部分钱，住地居民出大部分钱，此外还出劳工，分段限期把城墙修好。各处居民以“里”为单位分段居住，里正负责全里事务。

当时负责修筑西门至北溶地段的居民生活比较贫困，而且这个地段是北河冲击层，地基软，水势汹涌，给修筑城墙造成了很大困难。常常是日筑而夜崩塌，民工们常受监工的殴打、

普通话音频

粤语音频

辱骂，也遭到其他里人的嘲笑，称他们这个里是“倒城里”。

眼看期限越来越紧，其他里负责的地段进度很快。里正张石十分焦急，自筹的钱已经用完，民工粮食也将尽。他去找县衙想先支些钱，买材料，不但支不到钱，反而挨了一顿打骂。无奈之下，唯有把自己的亲生儿子卖掉，拿钱用来买材料和粮食，希望能在限期以内修好，以领取官府补贴的部分钱。

大家知道此事，感动万分，人人奋起，献谋献策，齐心协力定要把城墙如期修好。里中有些做生意的人也自动捐钱捐物以帮助修城。其他邻里进度较快的，之前还在嘲笑他们，而今也因里正卖子筑城墙而被感动，在本地段中抽出一些劳力，前来支援。就这样，众志成城之下，终于在限期之内，完成了筑城墙的任务。

城墙完工的这一天，人们敲锣打鼓，抬来一块大木匾，写着“保城里”三个大字，以表彰里正和居民筑城的功劳。后来，保城里因设有军事设施而成为“营堡”，于是，“保城里”改称为“堡城里”沿用至今。

清远

起凤里

——力救凤凰的传说

说起“凤城”，大家可能马上会想到顺德，但其实除了顺德，广东还有一个地方被称为“凤城”，那就是清远。在清远清城区的繁华闹市里，有一条旧街小巷叫起凤里，与清远的“凤文化”有着密切的关系。据说清远的“凤文化”，源于一则悲壮的人与凤凰的传说。

传说很久很久以前，在清远城区低洼处有一棵高大的梧桐树上栖息了一窝凤凰，树下住着一青年人，名张易。俗话说：“南雄落水洒湿石，去到韶关涨三尺，落到英德淹半壁，浸到清远佬无地走。”有一年，岭南地区遇上前所未有的连日暴雨，北江洪水泛滥，清远城一片汪洋。好多人被洪

普通话音频

粤语音频

水冲走，四处充斥着哭喊声。水性极好的张易一次又一次奋力游向落水者，将他们送到地势高的地方。筋疲力尽之际，听到叽叽喳喳的呼叫，他沿着叫声寻过去，才发现大水快要淹到梧桐树顶了，树顶上凤巢里的小凤凰翅膀还没长齐。眼看洪水就要把凤巢冲走，张易奋力游过去。

与此同时，上空飞来一只巨大的凤凰，而后在低空中盘旋，寻找着凤巢。它发现一个青年人奋力托起凤巢，当小凤凰被放到高地上的一瞬间，青年人却被卷进了洪水中，不见踪影。凤凰见此感人一幕，为了完成青年人救人心愿，就伏在水面，让落水的人踩着它的背逃生。凤凰坚持了一天一夜，危难中的人们得救了，而它，却再也飞不起来了。

人们为了纪念这只凤凰和张易，筑起了一个高台，命名为“凤凰台”，清远从此就有了“凤城”的别称；而张易居住的小巷子，则被称为“起凤里”。

上下廓街

——奇思妙想，环城建屋

清远的上、下廓街在古城墙外，毗邻北江边，“廓”本义通“郭”，在古代是指外城墙，多用于防御外敌。那么外城墙是怎么发展成一条繁荣的街道的呢？

据说，清远城廓最早建于元代，当时为了防卫海寇掠劫，主簿白太平便修筑了土城墙用以防卫。北江江阔水足，支流众多，为船只航行带来便利，南来北往的商船多在北江沿岸码头停泊上落，补充给养。每日清远县南门城廓下码头十分热闹，逐渐形成商埠。有人在此摆摊做生意，后来还有人在这城廓下建屋居住，久而久之就成了一条街市，这就是上廓街、下廓街的雏形。

普通话音频

粤语音频

明朝洪武年间，指挥同知李膺为使城廓坚固，又将土城改建为砖城。但北江河水经常泛滥，给上、下廓街商家以及百姓带来不少麻烦。明成化年间，广东巡抚来清远县视察，见到沿江城墙很多被江水浸塌，城砖流失。虽然在墙外有立排栅加固，但还是不可抗御洪水。巡抚几经调研，想到了“环城建屋”的办法，既可护城，又免巡逻士兵露宿之苦。于是签文拨银两，沿城脚建屋，外侧封墙以防卫，中间留道路通行。这条沿着城墙修建的街道，就是占尽地理和交通优势的上、下廓街，持续发展繁荣了几百年。抗战时期，广州、佛山等地沦陷，珠三角一带的富商大贾纷纷退到清远城，上、下廓街的码头继续开市，人声鼎沸，十分热闹。

如今，上、下廓街历经时代变迁和改造，两旁伫立的建筑依然保留着旧时繁荣的痕迹。

老婆陂

——老婆出马，一个顶俩

在清远三江的龙口村，有个地方叫龙腹陂。但这个地方在民间另有一个名字，叫老婆陂。这个别名的由来，源于一个有趣的故事。

相传在几百年前，当地人都以三江河为水源，无论饮用还是灌溉，都靠三江河水。但龙口村因为地势较高，无法引用河水，导致农田用水得不到保障，收成比附近其他村落少，加上村里人口众多，生活甚为艰难。

龙口村村民决定修建水利工程，引三江水灌溉农田。经过一番研究，发现三江龙腹陂一带最适合筑坝拦水，于是与龙腹陂所在的东塘村商议，希望可以让他们在此处修建

普通话音频

粤语音频

工程。

但东塘村村民不想别人来自己村引水，找出各种借口拒绝。龙口村村民最后没办法，想出了一个绝招。他们派出村里的妇女，到东塘村龙腹陂开工，修建水坝拦河引水。东塘村村民听说之后，杀气腾腾过来驱赶，却发现来的人不但全都是妇女，而且有不少是自家亲戚。原来两个村多年以来互相通婚，龙口村不少妇女都是出自东塘村。

眼见如此情景，东塘村村民也不好意思再拒绝龙口村，唯有同意龙口村拦河引水，请妇女们赶紧回家，让男人过来干活。

最后，水利工程顺利完成，龙口村村民生活大为改善，村民们感激村里的妇女为村分忧，于是将此地称为“老婆陂”。

粤西地区

忠良街

——忠勇辈出，皇帝赐匾

在茂名市电白区，有一条连接商业区与居民区的街道，街口立有一个牌坊，上书“忠良街”三个大字。

忠良街原本是粤西最早的商业集聚地之一，往外延伸到海湾边，便是昔日的“油地码头”。清末民初，粤西的沉香、油、麻等产品便由此经水路销往珠三角及东南亚各地，一时“十里帆樯依市立，万家灯火彻夜明”。那么，为什么这条街道会被称为“忠良街”呢？

原来，这条街原名叫做“铁街”，后来因为当地人士有了几次忠义之举，才被命名为“忠良街”。

传说在明朝崇祯年间，当地发生自然灾害，民间生计艰

普通话音频

粤语音频

难。有姓陈和姓罗的两位当地人见乡里受灾，于是将主人家中存粮拿出来派发给乡亲父老，以共度时艰。他们二人救济了乡亲，却无法向主人家交代，无计可施之下竟投水自尽，当地人都深为感动。

到了清朝康熙年间，当地盗贼成灾，劫掠来往船只。巡哨把总电白人黄胜遂领哨船六艘征讨贼寇，遭贼设伏，所有人员战死海中。感于黄胜等人忠于国家，安良举义，康熙皇帝派人到现忠良街行祭，并敕“义勇”牌匾，以纪忠烈之事。由于黄胜等人征讨贼寇由水东油地码头出发，后人据此便把后面这条街称为“忠良街”。

现在，忠良街逐渐发展成以沉香为特色的旅游街区，聚集了不少沉香业商户，还开设了沉香文化博物馆，逐渐重现早年的繁华商业景象。

雷州苏楼巷

——苏辙与章惇的故事

雷州地处中国南端，在古代属于非常偏远的地区，也是朝廷流放贬谪官员的其中一个去处。也正因如此，雷州城里留下了不少古代名臣的故事。

雷州的苏楼巷位于雷州古城的城外，是一条不规则的、纵横交错、弯曲狭窄的深幽巷道，宽不足4米。苏楼巷里有着真武堂、古井、遗直轩、苏楼、敬字亭等众多文物古迹，也有不少相关的传说。

相传在北宋年间，苏辙被章惇迫害，贬往雷州。他带着一家老小到达雷州后，租住了太庙斋郎吴国鉴的房子。那是一栋非常简陋的旧民房，之所以称为楼，是因避时讳。人们

普通话音频

粤语音频

把建起的干栏式建筑统称为楼。尽管房子简陋，但对苏辙来说，初来乍到，人地生疏，有房住即可。但章惇依然不愿轻易放过苏辙，派出手下董必明察暗访，见到苏辙安下新家，便诬告他强夺民舍。苏辙愤然交出白纸黑字的租房契约和收据，令章惇无以言对。

谁知风水轮流转，不久之后，章惇失势被贬，刚好也被贬到雷州。到埠之后，章惇同样也碰到了住房问题，于是他跑去找上次租房给苏辙的房东吴国鉴，要求租住。但吴国鉴见到是章惇，当即拒绝。

章惇恼怒地说："租房是大家的通例，为何我就不行？"

吴国鉴道："章相公，你装糊涂了？上次苏公来租我房子，你不但想置苏公于死地，还把我逼得差点家破人亡。今天你又来，难道不是要我的命吗？打死不租！"

章惇听后羞惭难当，唯有转身狼狈而去。

梅菉街道

——梅花女挖出梅花井

湛江的梅菉街道位于湛江吴川市东南部，地处鉴江下游东岸，是鉴江、袂花江、梅江、三叉江的交汇之处。

相传在古代，这里是一个被江河包围的孤岛，荒无人烟。到了唐代，宦官高力士乘船回乡探亲时路过，登岛游玩。发现此地三江汇聚，气势非凡，惊叹为风水宝地。高力士便在此修建庭院，并种植了大量的梅树。后来这里慢慢成了一个聚居地，为“梅麓”。后来，“梅麓”一词几经变化，有“梅陆”“梅录”等称呼，现在则写成“梅菉”。

梅菉曾经有一口梅花井，相传这里有一位眉清目秀的姑娘，因她酷爱梅花，人称“梅花女”。有一年大旱，岛上的

普通话音频

粤语音频

水井、水塘都干枯了。梅花女想寻找水源，开掘一口井。她连挖了十多天也挖不出一点湿润的泥土，但她依然坚持不懈。

一天夜里，梅花女正埋头挖井，忽然飘来一阵异香，抬头一看，只见一位红衣女郎手拿一枝梅花和一个瓶子，告诉她自己知道哪里有水源。红衣女郎把她带到她屋后的一棵大梅树下，在地上画了一朵梅花，又用瓶子洒下几滴水，就隐身不见了。梅花女当即拿起锄头开挖，一股清泉从土里涌出，水中隐约可见朵朵梅花，并透出阵阵梅香。

更神奇的是，此井的水源源不绝，任由当地人怎样打水依然是满的，当地人终于渡过了干旱的难关。

河源

上城北直街

——“蹈义履仁，济人约己”的李焘

河源市的上城北直街有1500多年历史，与河源建县同期。这里保留了不少明清时期的古建筑，有兰伍家塾、草行丘屋、李屋、江屋等，是当地一个著名的街区。

北直街的古宅众多，其中名声较大的是明朝官员李焘的故居。李焘故居建于明万历十年（1582年），因其门前立有一对红色石狮，又被称为“石狮李屋”。在李焘故居大堂正中央，悬挂着“蹈义履仁，济人约己”的牌匾，这是万历皇帝诰赠李焘祖父李景星的制词，也是李焘一生的真实写照。李焘为官50多年，执法严明，正气清廉，俸禄大多捐给任职地修学校、筑路桥，他本人布衣蔬食，还为河源留下了筑城

普通话音频

粤语音频

凿湖之功。

据说河源上城是元代以前的故城，在元末的时候毁于战火，于是民众集居于下城及城郭周围，下城便成了县衙公署及民众的聚居地。但是下城地势低，常遇水患、寇患。往往大水过后，房屋倒塌，人员伤亡惨重。为使百姓免遭洪灾之苦，居家有所，李桼之父李学颜与教官莫文泰、抚瑶官谢成学等为首倡，向县令倡议建复上城，修渠筑湖，得到不少乡绅的积极响应。河源上城建成，人们陆续迁了进去，其后在上城外开挖鳄湖。李学颜去世后，李桼回乡守孝，他遵照父亲遗愿和嘱托，亲力亲为、捐款捐地，协助县政完成鳄湖开挖、筑基蓄水工程。鳄湖修成后，当地几乎再无水患。

此外，李桼又叫人引桂山水经泷下、万年基、木棉塘注入西门塘、北门塘和鳄湖，形成环城湖池，成了当地一处风景秀美之地。

太平古街

——登告示当成卖广告

河源市的太平古街始建于清代，现长400多米，是一条有着悠久历史的商业街。街上的建筑大多是具有客家文化特色的木骑楼，少数是中西建筑风格的混合式骑楼，大多数首层用于经商，二、三层则用于存货和居住。

民国期间，太平街上商业兴旺，中山旅馆、广昌隆、信记、十三行商会等大商号，都在太平街开设分号。太平街的商人常常走在潮流前沿，将外地的新事物引进河源。当时，报纸是人们重要的信息来源和发声渠道，这些商号个个都底气十足，一言不合就喜欢登报声明，常常是两三家商号先后在报上回应。

普通话音频

粤语音频

据说，1938年10月的某天，太平路的商号信记在《正义日报》刊登了个启事，对一铺两卖之事表示“不胜惊骇”，要求有关业主到信记说明并办好手续。随后，张俭盛堂也在《正义日报》上刊了个启事，标题为《守信堂买店注意》，说看了报纸后也“不胜骇异”，然后提出“依法”交涉等事。吕宣民堂还登了个买店启事，也是较为复杂的买卖纠纷，买卖主体为太平路一零四号煜生隆号后面的一间瓦店等2间店铺，要求原业主按土地所有权状按时签好协议。

商家们发现对于商业纠纷之事登报发声明，不仅能在舆论上争取优势，而且往往还能带来市民关注、顾客光临，于是经常有事无事都登报发声明，有时还顺道将自家商号的营业范围、经营优势都介绍一番，一举两得，效果不俗。于是一时之间，登报声明在当地蔚然成风，成为太平街一景。

韶关

南雄珠玑巷

——广府发源地，广东第一巷

位于广东韶关南雄的珠玑巷，被认为是岭南众多姓氏的起源地，被誉为“广东第一巷”。

在唐朝开元年间，名相张九龄为了方便岭南民众与中原地区的交流，开凿大庾岭，修建梅关驿道，珠玑巷就在这条古驿道之上。因为地处南雄与梅岭之间，古代中原人翻越梅岭之后，就把这里作为第一个驻足之地。

到了唐末和宋末时期，中原地区战乱频繁，不少氏族为避战祸和自然灾害，纷纷经江西翻越梅岭南下。在古时，岭南地区为蛮荒之地和官宦贬谪之所。这些先民在兵荒马乱中，扶老携幼，历尽艰险来到南雄珠玑巷。他们不熟悉岭南的各种情

普通话音频

粤语音频

况，不敢贸然再南下，只好在此安顿下来，重新创业。居住数年，逐渐适应了岭南地区气候和生活习惯之后，他们才逐步南迁珠江三角洲。中原文化经珠玑巷南下，因此它被称为广府人的祖居之地，是广府文化的发祥地，是中国三大寻根地之一，被誉为“中华文化驿站，天下广府根源”。

关于珠玑巷，还流传着这样一个传说。相传南宋度宗咸淳年间，因奸臣贾似道陷害胡妃，胡妃逃出宫殿，流落民间来到钱塘江畔，遇到从南雄珠玑巷到临安经商的黄贮万，相谈甚欢，随他到珠玑巷生活。事隔多年，家仆刘壮对黄贮万不满，跑到官府告发，朝廷下诏血洗珠玑巷，缉拿胡妃问罪。众人为避胡妃之祸，大批南迁珠江三角洲各地。胡妃见状，为不牵连四乡居民，即投井自尽，以免朝廷追究。后人为纪念胡妃，在珠玑巷古井上置放石塔。

广富新街

——韶关的“大老板街”

广富新街位于韶关市区东堤北路，是一条位于粤北地区却极具广州西关特色的百年老街。

清朝乾隆年间，朝廷实行一口通商，广州成为唯一的对西方的通商口岸。韶关有梅岭古道通内陆，又有得天独厚的“三江”水路运输优势，成为广东北大门货物进出的中转站，因此常年商贾云集。因为其中以广府商民较多，为联络同乡情谊，在北城外建立了“广州会馆”。后来，番禺、顺德等地的商民为了方便聚集商讨发展贸易计策，又能相互照应，于1915年集中在广州会馆附近建造了一条豪华的住宅街，这就是“广富新街”。这里仅有20户人家，但它的建筑

普通话音频

粤语音频

设计、门庭装饰、通道布局等都与广州西关老屋的风格特色如出一辙，其住户都是广州一带的富商，故而被韶关民间称为“大老板街”。

1938年广州沦陷，无数扶老携幼的难民逃至韶关。当时，从广州逃难来韶关的民众特别喜欢到广富新街购物，一解思乡之苦。这些民众说：“我们看到广富新街就好比看到广州，来到广富新街就好比回到了广州老家。”

童谣四条街

——一首童谣四个传说

在韶关，曾经流传着这么一首童谣：“左莲花，右芙蓉，万年弓箭射云龙。十字箩纱筛豆粉，浈武江绕帽子峰。”这首童谣里，提到了四条街巷的传说。

“万年弓箭射云龙”，说的是一口井和两条街的故事。“万年”是一口井的名字，相传韶关城内有18口井，其中有一口井就在弓箭街上。传说这口井下通南海龙宫，为韶关最古老、最深、水最清的一口井，因此后来被乾隆帝赐名“万年”。不过，如今这口井已不知所终。“弓箭街”现今叫建国路。古时候，镇台衙门（古代军事机构）就设在这里，军队需要武器，这条街就是专卖军用品和武器的。建国路有一

普通话音频

粤语音频

条巷子叫云龙亭街，相传北宋名臣余靖出生时，金龙盘云而下，民众因而传说他是金龙托世。明代弘治年间，韶关知府钱镛为纪念余靖在这里建了一座云龙亭。如今亭子已不在，街名依然保留。

而“十字箩纱筛豆粉”，看似与农业生活有关，实则是由两条街名组成。韶关城旧时有一条箩纱巷，专门卖竹制品。新中国成立后不久，箩纱巷改名为和平路。现今的和平路已经很难见到卖箩纱竹制品了，不过用竹制品做出来的美食倒有不少。而这里的豆粉是指豆粉街，专卖豆类商品，后改名为仁爱路。

现在很多街巷和道路的名称经过多次修改，已难寻早年的痕迹，但在民间口口相传的童谣里，则依然能够找到昔日的回忆。

中华新街

——百年历史的“新街”

韶关市的中华新街位于韶关市风度北路西侧，是一条树木葱茏、舒适休闲的街道。虽然称为“新街”，但此地给人一种和谐安详的感觉，仿佛时光停滞，岁月无痕。其实中华新街已经不新，它修建于20世纪20年代，至今已有百年历史。

据老一辈人的口头相传，中华新街的街址原先是一座宏伟的古建筑，名曰“江南堂”，是一个世代经商者的豪华家宅。清光绪年间，清政府看上了江南堂这座宅子，便强占它用来做曲江县衙门。江南堂的业主到处上告。几经周折，直至中华民国建立，才将江南堂要了回来。但江南堂由于被占

普通话音频

粤语音频

做衙门，开设公堂，建造牢狱，加上多年来没有修缮，导致栋空梁朽成了一座将要倒塌的危楼，无法居住。业主审时度势观察行情，看到韶关商贸日渐兴起，于是，便将江南堂拆掉，拍卖地皮和材料，给商人们建造商铺，渐渐地这里建成了一条新的街道，取名为“中华新街”。

中华新街在历经风风雨雨后，从一座危楼变成一条街，从起初的不过百米长，至今已延长到200多米。

香港

煤气灯街

——恋爱剧情的取景胜地

香港的煤气灯街正式名称叫“都爹利街”，位于香港中环皇后大道中以南，修建于19世纪七八十年代，是香港地区历史最悠久的街道之一。

都爹利街是一条小街，街道狭窄，只有一端可以通车。在与之相连的雪厂街之间，建有一条花岗石楼梯，楼梯石阶道旁矗立着四支煤气灯，“煤气灯街”的名称就是由此而来。

事实上，在20世纪50年代之前，香港的照明路灯很多都使用煤气灯，所以并不罕见。但到了70年代，香港绝大部分的煤气路灯都被电灯取代，只有都爹利街的四支煤气路灯得

普通话音频

粤语音频

以保留，并于1979年8月15日被列为香港法定古迹。

虽然年代古老，但这四支煤气灯依然每天照常工作，从傍晚6点到早上6点亮灯，以作街道照明之用。这四支路灯与古老的街道形成一道独特的风景线，香港地区不少影视作品都将煤气灯街作为取景地，尤其是拍摄恋人们谈情说爱或分手离别的情节，特别喜欢以此地为背景。

庙街

——香港的“平民夜总会”

香港的庙街得名于清朝晚期，当时庙街中段建有一座天后庙，所以大家就将这条街称为“庙街”。

一直以来，庙街一带有许多贩卖杂物与食品的摊贩，到了20世纪70年代，港英政府在庙街划出“小贩认可区”，令庙街正式成为著名的商业街和夜市。

位于庙街中段的天后庙将庙街分成两段，一边以夜市为主，另一边则以看相算命、街头表演为主。庙街的夜市以平价商品为主，因为以往主要卖男性服装，所以又被称为“男人街”。而众多的街头表演也令庙街成为一个平价的娱乐场所，因此又有“平民夜总会”之称。

普通话音频

粤语音频

香港有不少影视作品均以庙街作为取景地和故事场景，例如，经典电影《庙街故事》《庙街十二少》《庙街妈兄弟》等等。在作品中，庙街常常被描绘为江湖人士的活动地点，令这条街道增添了不少江湖气息和神秘感，更成为不少影迷的必到之地。

2010年12月18日，庙街的两座牌坊揭幕，被誉为香港第一座地标牌坊。牌楼有两副对联，分别为：“庙宇辉煌四海升平千业盛，街衢熙攘九州物阜万邦通”，以及“庙显中华传统文化，街现香港创新精神”。

石板街

——人力时代留下的印记

香港的砵甸乍街，因为其中一段以大石板砌成，历史悠久，所以被称为“石板街”，是一条著名的怀旧老街。

砵甸乍街这个街名，源自香港被英国占领后的第一任总督砵甸乍爵士。石板街上的石板凹凸不平，一块高一块低，据说这样的设计是因为这条街道颇为陡峭，早年除了来往的行人，还有轿夫抬着轿子经过，这种凹凸不平的铺设方式，既能让行人和轿夫上下的时候方便借力，又可以让雨水顺着石头流走，有一定的防滑作用。

石板街的石板已超过百年的历史，可以说是香港历史的见证者。街上的中环大楼、旧警署等旧建筑物都经过精心修

普通话音频

粤语音频

缮，维持着早年的风貌。

石板街除地面的大石板之外，还保留了许多老店和一部分铁皮屋，主要售卖一些特色商品和纪念品，很有怀旧气息，故而成为不少影视作品的取景地，以及摄影爱好者喜爱的拍摄地点。经典电影《花样年华》《无间道》等均曾在石板街取景拍摄。

水坑口街

——英军的第一个登陆点

香港的水坑口街位于上环，早年名为“波些臣街”，是一条记录着香港早年历史的街道。

1841年，英国侵略者伪造《穿鼻草约》，海军军官卑路乍率领英军乘军舰强行登陆香港。英国海军测量人员早已测定在香港西面有一片突出的高地，既平坦又临海，可用作军旅扎营，于是命令工兵开辟从海旁到这片高地的道路，并将此地称为“占领点”（Possession Point)。后来，也就以此名称的音译名为地名，将这条街道称为“波些臣街”。

不过，这个名称引起许多当地人的反感，当地人根据街旁的大水坑，将此街的中文名称改为“水坑口街”，但英文

普通话音频

粤语音频

名称依然是“Possession Street”。

1997年香港回归，水坑口街也早已成为一条普通街道，几乎没有人还会想起这里曾经是英军占领香港的登陆点。

喜帖街

——一首歌唱红一条街

有一首著名的粤语流行曲《喜帖街》，曾获得多个音乐奖项，颇为脍炙人口。歌中的“喜帖街”，指的是香港的利东街。

利东街位于香港湾仔，原本是印刷品制作和门店的集中地。20世纪70年代，不少印刷店开始印刷各种喜帖、利是封、挥春等物品，因此要举办婚礼的新人几乎都要提前到利东街选购相关用品，故而又被称为“喜帖街”。

利东街的建筑也颇具特色，除数栋高楼之外，大部分都是早期的“唐楼”，整齐划一，而且天台相通。在地铺的印刷店，善用了唐楼的特点，发展出厂店合一的一站式销售服

普通话音频

粤语音频

务。店铺的外半部为陈列室和接待室及销售处，内半部则为印刷的厂房。由于整条街道有很多印刷店可供选择，故成了很多香港人采购印刷品的首选之地，甚至吸引了不少外地游客慕名而来，购买一些富有中国特色的印刷品留为纪念。

2005年至2006年，政府对市区实施重建计划，对利东街的印刷店进行清拆，这也是歌曲《喜帖街》的创作背景。其后政府对利东街进行重新规划，早年的印刷业商户有机会重新入驻，利东街“喜帖街”的传统也有望得以重现。

荷李活道

——与好莱坞无关的荷李活道

香港的荷李活道，位于香港中环与上环，是香港开埠之后兴建的第一条街道，是香港地区的法定古迹之一。很多人以为这个“荷李活”与美国的电影之都好莱坞（粤语译为“荷李活”）有关，其实此街兴建于1841年，当时美国还没有好莱坞。那么这个荷李活道的名称究竟从何而来呢？

原来，这条街道兴建之初，道路两旁都种满了冬青树，冬青树的英文是hollywood，所以就将此街命名为Hollywood Road，中文则译为荷李活道。

现在的荷李活道是一条文化艺术街区，聚集了众多充满艺术感的店铺，是游客的打卡地之一。

普通话音频

粤语音频

值得一提的是，荷李活道上还有一座被列为香港法定古迹的文武庙。这座文武庙大约在1847年至1862年建成，是香港被英国占领后最早兴建的中式庙宇之一，可以说是香港的历史见证者之一。在早年法制尚未健全的年代，一些官司难作定夺之际，法官会允许华人原告和被告双方到文武庙以“斩鸡头烧黄纸”的方式发誓，据说还真的有因不肯发誓而被判负的案例。

摩罗街

——古董旧货淘宝地

香港的摩罗街位于上环的皇后大道西与荷李活道之间，是香港地区著名的古董街。

这条街之所以称为“摩罗街”，是因为在香港开埠之初，有很多印度水手和士兵喜欢聚集在此地摆卖商品，而因为印度人习惯以白布包裹头部，被香港人称为“摩罗差”，所以摩罗街也因此而得名。

同时，摩罗街的英文名也与印度人有关，称为“Lascar Row”，Lascar原意多指军队、士兵、水手，后来多用于指代驻守英国的印度士兵。

此外，摩罗街也被称为“Cat Street”——猫街，这是

普通话音频

粤语音频

因为街上的地摊店铺会售卖来路不明的货物，粤语称为“老鼠货”，而那些来购买“老鼠货”的顾客，自然就是“猫”了，所以称为猫街。

摩罗街从20世纪20年代起，就已形成旧货买卖市场，除古董、艺术品之外，也会有不少其他旧货销售，吸引了许多二手货爱好者。如今，不少游客也喜欢到摩罗街以及附近的荷李活道淘宝。

寿臣山道
——华人绅士贡献多

香港地区因早年被英国占领，许多道路和街道的名称都源于英语或英国人士。而随着华人在香港地区地位的提高，发挥的作用也越来越大，也就逐渐有一些街道是以华人的名字命名，以纪念他们为香港所作的贡献。如寿臣山道，就是以香港地区第一位华人议政局成员周寿臣的名字来命名的。

周寿臣是香港黄竹坑新围人，出生于1861年。因为学业优秀，他于1874年被当时的清政府选为留美幼童，赴美国留学。和周寿臣同期的留美幼童包括著名的唐绍仪、詹天佑等人。

后来因为国内反对声音太多，留美幼童计划夭折，周寿

普通话音频

粤语音频

臣回国后几经辗转，袁世凯上台后，曾被派往朝鲜担任署理仁川领事。

辛亥革命后，周寿臣回到家乡香港发展。因其在国内的声誉，很快就成为香港华人领袖人物，获赠太平绅士头衔，其后更被英王封为爵士，成为第一位华人议政局成员，对香港地区的社会稳定和经济发展贡献良多。他是东亚银行的创办人之一，最为人称道的事迹，是他积极推动香港大学创立中文系，改变了当时鄙视中文和传统文化的社会风气。

1937年，周寿臣退任议政局和立法局议员，港英政府为纪念他的贡献，将其住宅所在的山峦命名为“寿臣山”，住宅门前的道路称为寿山村道，环山的道路则称为寿臣山道。

诗歌舞街

——香港街道命名故事多

诗歌舞街位于香港九龙的大角咀，附近有很多以树木命名的街道，如杉树街、松树街、樱桃街、枫树街等，唯有诗歌舞街的名字别具一格。

原来，诗歌舞街的英文名称为Sycamore Street，翻译成中文应该叫“无花果街”，与附近以树木命名的街道属于同一系列。

但当时负责翻译的师爷觉得“无花果”的寓意不好，尤其当时希望有更多新婚人士在此地置业，如果叫无花果街，岂不是让人觉得不利于生育后代？师爷灵机一动，干脆不用意译，改为音译，于是就为这条街道起了“诗歌舞街”这个

普通话音频

粤语音频

颇为浪漫的名字。

香港地区因为英语和中文长期混合使用，不少街道名称都因中英翻译摆了乌龙。例如，列拿士地台据说原来是为了纪念一位名为Alexander的人，由于师爷习惯了从右到左阅读，结果翻译成了“列拿士”；又如，大强街的英文名为Power Street，原意是电力，结果翻译的时候也是机械地望文生义，以为power就是强大之意，继而命名为大强街；至于著名的皇后大道，本来是为了纪念英女王，也是因为师爷翻译时望文生义，将Queen直接翻译成皇后。

这些因为各种乌龙形成的街道名称使用日久，大家都习以为常，香港人也就顺应习俗，不再强作修改了。

太平山街

——东华医院诞生记

太平山是香港地区的高档住宅区，许多富豪之家均在此。而太平山的山脚下，却有一条并不引人注目的街道，它记载着香港一段沉痛的历史，与山顶的璀璨辉煌共同构成了香港人的回忆。

这条街道名为“太平山街”。香港被英国占领之初，英国对华人实施歧视政策，大量华人劳工聚居在上环以太平山街为中心的地区，形成了一条“唐人街”。

随着香港的不断开发，聚集在此地的劳工越来越多，居住、卫生等条件也越来越差。1851年，当地行商提出修建义祠，以供奉无人认领的逝者灵位，并于1856年建成“广福义

普通话音频

粤语音频

祠”，又称为“百姓庙”。很快，义祠就成了流离失所的人的聚居之地，许多无家可归、身患重病的人都被安置在义祠之中。

1869年，一名劳工在广福义祠去世，这里极度恶劣的生存环境引发了公众关注，媒体更以“人间地狱”形容义祠状况。港督麦当奴迫于压力，下令改善义祠环境，并答应成立专为华人服务的医院。这就是东华医院诞生的前因。

1894年，太平山道一带又暴发鼠疫，最终迫使港英政府对当地进行清拆，后又修建“卜公花园”。

至今，广福义祠依然保留在太平山道原址上，被列为香港历史建筑，而太平山街的社区环境也逐渐改善，早已不再是贫苦人家的聚居之地了。

澳门

肥利喇亚美打大马路

——有20个中文字的街牌

澳门塔石广场一带，有不少南欧风格建筑林立，保留着众多传统文化，亦记载着很多澳门历史故事。其中有条街叫肥利喇亚美打大马路，但澳门本地人从来不叫这个名字，他们会告诉你这是“荷兰园大马路”。除此之外，这条街还有一个名字，叫“荷兰园正街”。

为何荷兰园不在荷兰而在澳门？故事要回溯到15世纪和16世纪地理大发现时期，也是葡萄牙的黄金年代。葡萄牙人一直想在中国建立一个殖民据点，经历了侵犯屯门和漳州失败后，他们将目光锁定在澳门。大约在1553年，葡萄牙人借口“航船触礁，舱内进水，船上货物浸湿”，请求在澳门

普通话音频

粤语音频

租地晾晒，并通过贿赂广东海道副使汪柏从而获准登陆，从此开始在澳门定居并进行贸易，将这里变成连结欧亚的重要港口。

葡萄牙人占领澳门后，这里成为欧洲人在中国最早的据点，具有极大的商业和战略价值。然而，当时欧洲另一个海上霸主荷兰，也在打澳门的主意。1622年6月，荷兰人派出10多艘战舰和过千名士兵攻打澳门，但最终败北。葡萄牙军为了安置荷兰军战俘，在肥利喇亚美打大马路附近临时搭建了名为“荷兰园”的收容所，此后荷兰人开始在澳门生活，而这条马路便被当地人称为“荷兰园大马路”。在澳门，同一条路竟有三个中文名实属罕见，它的街牌上有20个中文字，是澳门字数最多的街道名牌。

“澳门街”
——最初的外商聚居贸易地

港产老片常有“广州城、香港地、澳门街”的说法，从大到小排列，说明了昔日广州的繁华，也道出了澳门的“迷你”。很多人好奇，是否真的存在一条“澳门街”？答案是：曾经有过。

16世纪中期，明朝政府准许葡萄牙人在澳门定居通商后，为了方便管理，设立交叉的十字大街，以“畏威怀德”四字命名，每条街各设10个门号，四周围绕着木栅，这里便是最早的澳门街。对应到今天的范围，便是营地大街一带，营地大街的葡语Rua dos Mercadores意为“商人街”，即指葡萄牙人最初在此聚居贸易。

普通话音频

粤语音频

起初街上住的都是外商，后来贸易越发繁荣，住进来的华商也越来越多，澳门城区范围也随之扩张。400多年后的今天，走进澳门老城，依然能见大街小巷密布如蛛网，高低错落，仿若一座立体迷宫。车水马龙的“新马路”早已取代营地大街，成为澳门半岛的商业、交通和旅游中心。这条笔直的大道，便是亚美打利庇卢大马路。

不难发现，澳门常见这种名字又长又拗口的街巷，大多源自葡语人名的音译，例如，以澳门总督为名的罅些喇提督大马路、以海军上将为名的贾伯乐提督街、以失踪飞行员为名的沙嘉都喇贾罢丽街等；就连游客非常熟悉的知名打卡点官也街，也是来自第81任澳门总督的名字。

打缆街

——遍布澳门的职业街

澳门不少街道以职业命名，如洗衣匠围、轿夫巷、风炉匠巷、水手西街等。随着时代变迁，职业结构发生变化，不少街名所指的行业，今天已经逐渐在澳门消失。这些行业纵然已退出历史舞台，但也曾经是澳门发展的重要印记。这些以职业命名的街道，背后所承载的正是一段又一段的澳门发展史。

在澳门众多以职业命名的街道中，你能猜到哪个行业出现次数最多吗？答案是：打缆。现存以打缆业为名的街道，共有9个，分别是位于澳门半岛的缆厂巷、大缆巷、打缆围、打缆前地、造绳巷；位于路环的打缆路、打缆街、打缆

普通话音频

粤语音频

巷、打缆前地。

那么，究竟“打缆”是做什么的呢？其实打缆的“缆”，指的是绳缆。如此多澳门地名与绳缆相关，是因为绳缆制造曾是澳门的重要行业，这又与澳门的渔业息息相关。一直以来，渔业长居澳门经济主导位置，渔业兴盛带动不少行业发展，最直接的便是造船业与打缆业。航海、捕鱼事业发达，自然需要大量绳缆，如捕鱼拖网、船只系泊等船上作业，都需要用到绳缆。过去技术没有那么先进，绳缆需要人工制作，这便是“打缆”的由来。

澳门制作绳缆的材料多是青麻，但澳门无专门种植青麻的农地，当时都是通过山货店（家居日用品店铺的旧称）从内地购入。随着时代发展，尼龙广泛应用于航海业，故20世纪60年代后，澳门渔民纷纷改用尼龙渔网、尼龙绳缆，加上渔业式微，传统的人工打缆业便成了历史。

飞能便度街

——东方的传说，西方的传奇

澳门地区由飞能便度街、施督宪正街、告利雅施利华街这三条街，贯穿组成氹仔的旧城区，当中飞能便度街最为著名，除因为那里有曾盛极一时的益隆炮竹厂外，三婆庙与神龙的传说也为这条平凡的小街增添了几分神秘色彩。

在澳门坊间流传着一个故事：这里有一条神龙，由同一街道的天后宫（位于告利雅施利华街的尽头）一直延伸到三婆庙，其中天后宫旁的一块石碑是龙头，三婆庙内的大石则为龙尾。这条神龙保佑氹仔居民风调雨顺、国泰民安。飞能便度街附近还有不同的庙宇，中国传统宗教氛围深深地充斥着整个氹仔旧城区，因此当漫步在这充满欧陆风情的黑白碎

普通话音频

粤语音频

石路上，也难免为其中的东方神秘传说所着迷。

至于“飞能便度”又是谁？当年澳门市民为何要特别纪念他呢？其实他是16世纪葡萄牙旅行家，自1537年起于非洲和亚洲大海上旅行，一生经历传奇般的旅程，曾经在埃塞俄比亚、中东、印度、东南亚、中国和日本等地游历21年，成为首名登陆日本的欧洲人。

他回到葡萄牙后，将自己16次被俘、13次被卖的传奇游历过程撰写成《东行远游记》，介绍当时各地的社会情况，分享明朝时期葡萄牙人在澳门的生活情景。《东行远游记》曾被翻译成170多种语言在全球发售，以其独特的视角向世人展现当时的澳门。

疯堂斜巷

——几个世纪的风云变幻

疯堂斜巷是一条离大三巴不远的斜坡路，昔日曾是葡萄牙天主教徒居住的“基督城”和华人居住的“华人村落”之间的过渡地带，得名于16世纪在这里开办的麻风病院。医院附设一间小教堂，至今仍在，正是澳门最古老的教堂之一——望德堂，因为这里有很多麻风病患者，所以又被称为“疯堂”。

1576年，罗马教廷宣布在澳门设立教区，贾耐劳成为首位天主教澳门教区主教，他主持修建的望德堂也成为澳门的第一座主教座堂。1886年，重建后的望德堂更名为望德圣母堂，由于地位崇高，自古以来每逢新任主教到澳门就职，必然先到望德堂领取法杖，以行使其权责。

普通话音频

粤语音频

19世纪末到20世纪30年代初，澳葡政府在疯堂斜巷一带建起了许多充满南欧风情的双层小洋楼，以黄色、米黄色、白色和枣红色为主色调，地面则是葡式碎石路，镶嵌出各种漂亮的马赛克图案，街道两旁还栽种着随风摇曳的棕榈树。走在这里，犹如身处里斯本老城区一般，充满复古而怀旧的文艺气息。

色彩斑斓的文艺小路两旁，老建筑纷纷诉说着澳门的百年风云：第二次世界大战期间收容难民与穷人的“婆仔屋”，如今开设着漂亮的葡国菜餐厅和艺术展览室；望德堂对面的大疯堂艺舍也是一座有着百年历史的建筑，曾是为失学儿童创办的华童教育辅助会，现在则珍藏有数百件从新石器时代至近代的文物；而巷尾的典型南欧式建筑，还保存着完好的绿色木门与木窗棂……想感受葡国风光，不妨来这条巷走一走。

花王堂街

——拥抱鲜花的教堂

葡萄牙人很早就开始在澳门地区聚居，他们来到澳门之后，选择聚居地除考虑生活环境因素之外，宗教信仰也是非常重要的因素。当时的葡萄牙人大部分是基督徒，因此他们常会以教堂为住处的中心。而与之相似的，是当地的中国居民往往也有在庙宇附近聚居的情况出现。因此澳门的街道，既有以天主教教堂、神职人员及修道院为中心发展而来的名称，也有不少以庙宇为名，这是澳门地区文化多元的印记。

其中，圣安多尼教堂是澳门三大古老教堂之一，于2005年被列入澳门历史城区名录。教堂内所供奉的圣安多尼，又被称为“婚姻主保”，与中国的月老颇为相似，都有保佑青

普通话音频

粤语音频

年男女相爱、夫妻婚姻幸福之能。因此许多人都会选择在此举行婚礼，而婚礼则往往要使用大量鲜花作为装饰。在每年6月中旬，传教士们还会在圣安多尼教堂举行节庆巡游和弥撒活动，吸引游客驻足观赏。

因为经常举办婚礼并且布满鲜花，澳门居民便干脆将这座教堂称为“花王堂”，而教堂所在的街道，则被称为花王堂街。

亚美打利庇卢大马路

——一条时光隧道

亚美打利庇卢是20世纪上半叶葡萄牙最高法院的法官，还在1913—1917年担任过殖民部部长。当时澳门地区修建了一条新的道路，便以他的名字为名，称为亚美打利庇卢大马路。不过澳门人觉得这名字实在复杂，便将这条新开辟的道路简单好懂地称为“新马路”。

自从新马路建成，大量的银行、酒店、娱乐场在此兴建。一个多世纪后，沿着马路走一走，从20世纪20年代的中式骑楼，到欧式风格的市政署大楼，再到新式的摩登大厦，不同年代的建筑沿街展开，像一条时间隧道，带领人们穿梭澳门的百年时光。

普通话音频

粤语音频

与之相接的殷皇子大马路原本是新马路的东端部分，后来为了纪念“殷皇子”而另起炉灶，起了新的名字。所谓“殷皇子”，指的是15世纪的葡萄牙王子恩里克（粤语里殷与恩同音），他多次派出船队出海探索新航路，还建立了全世界第一所航海学校，被认为是大航海时代的开启者之一。船队在一次次远航中寻找新的贸易路线，发现了许多当时不为欧洲人所知的地区，葡萄牙人也由此来到了东方的澳门。

澳门博彩业的地标建筑葡京和新葡京都建在殷皇子大马路上。很多摄影爱好者在附近的东望洋新街和得胜马路上来回走动，变换焦段、寻找角度去拍老城街景与新葡京。庞大的、金碧辉煌的奇形建筑从黯淡的、密密麻麻的居民楼间生长出来，沉默地统治着天际线，如一头巨兽在炫耀它光彩耀眼的躯壳，带来强烈的压迫感。

嘉路米耶圆形地

——圆形街的三盏灯

嘉路米耶圆形地是位于澳门圣安多尼堂区的一个圆形广场，可以通往高士德大马路和光复街等地。

这个圆形广场还有一个有趣的别名，叫做“三盏灯”。关于这个别名有两种说法：一说是广场原本有一支四个灯泡的灯柱，后来其中一个灯泡损坏了，只剩下三个，由此被称为“三盏灯”；另一说法则认为灯柱有三盏灯向下，一盏灯向上，人们视觉上只能够看见三盏灯，因而得名。

此地是不少东南亚华侨的聚居之地，也开设了多家餐馆，据说其中以缅甸菜最为正宗，被誉为“澳门东南亚美食集中地”。

普通话音频

粤语音频

而与三盏灯广场连接的高士德大马路，也有一个趣闻。该马路于1905年，以第96任澳门总督高士德命名，但一开始的时候，中文译名为“柯高马路”。这个路名用普通话来读不觉得有问题，但用粤语来读则有不雅之嫌，被市民嫌弃，所以后来改名为高士德大马路。

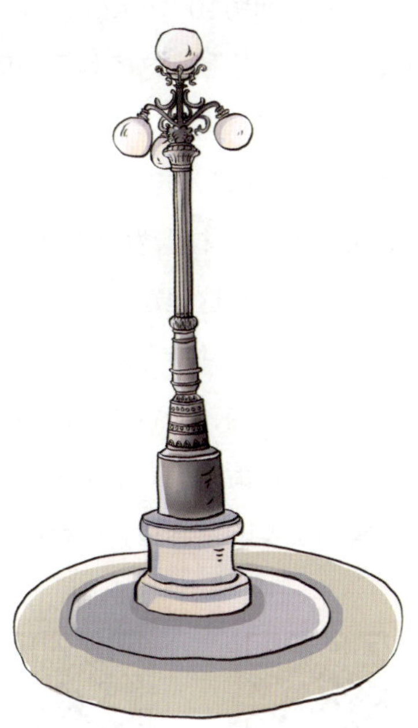

烂鬼楼巷

——“卖猪仔”的辛酸往事

在距离澳门大三巴牌坊100多米处，有一条名字相当古怪的巷子，叫做“烂鬼楼巷”。这条巷子为什么被称为“烂鬼”呢?

原来，粤语中的“烂鬼”与鬼无关，其实是残旧破烂、不值钱的意思，而且和“兰桂”发音相近。相传19世纪中期，有位叫杨若严的华侨在这里建了一系列西式楼房，有着漂亮的骑楼和优雅的木窗，并命名为“兰桂楼”。杨若严在澳门居住了几年后返回美国，并将兰桂楼出售。彼时澳门的“卖猪仔”行业正兴盛，街上设立了不少“猪仔馆”。所谓“猪仔”，并非集市上卖的家养猪，而是活生生的人，当时

普通话音频

粤语音频

不少华人被人贩子诱骗到国外去做劳工。兰桂楼正是被一名“卖猪仔”的商家买下，这位商家专门经营把华工（“猪仔”）贩卖到古巴的生意。汪茂买下兰桂楼后便将其作为猪仔馆，并把签了卖身契准备出国的“猪仔”都囚禁在这里，于是兰桂楼就成了“烂鬼楼”。后来，一场大火更把兰桂楼焚毁变成废墟。

20世纪三四十年代，大量周边地区民众涌入澳门，很多人为了活下去，只好把随身的物品拿出来摆摊出售，烂鬼楼巷的二手市场由此形成。烂鬼楼巷曾繁盛一时，汇集很多相当有名气的古玩店、古家具店、二手古籍店等，吸引很多的人来此“淘宝”。1869年，澳葡政府命名街道时，便把兰桂楼门前的街道命名为“烂鬼楼巷”。

烧灰炉街

——蚝壳的妙用

在澳门西湾儿童游乐场附近，曾经有一系列以“灰炉”命名的街道，如烧灰炉街、烧灰炉口（罗飞勒前地）等，这些名字与烧灰炉有关。那么，“烧灰炉”究竟是什么炉呢？

原来这一带曾经是个古老的小渔村——烧灰炉村。早年这一带是一片浅滩，村民除出海捕鱼外，早晚潮汐时也会在水中采鲜蚝。村民把鲜蚝取肉，然后将蚝壳收集放到火炉上烧成白灰，制成建筑材料出售，成为村落另一经济收入。“烧灰炉”之名，便因此而来。

1557年，明朝政府批准葡萄牙人在澳门南湾兴建工厂，后来葡萄牙人便借故占领该村，驱逐村里的渔民，拆毁原

普通话音频

粤语音频

有的房屋和火炉，并陆续兴建砖屋。1621年，荷兰攻打澳门，葡萄牙人为了抵御荷兰人的来犯，在现在灰炉斜巷东南面的山麓上修建烧灰炉炮台。由于需要大量建材来修建，葡萄牙人在附近的山头开采花岗岩石。采石工作聘请了大量华人，这些华工被安置在村内，烧灰炉村顿时成为工匠聚居的村落。

到了1862年，澳葡政府在南湾沿岸开辟道路，烧灰炉村逐渐被荒废。1910年，当局在西湾沿岸开辟“民国大马路”，同时将烧灰炉村内大部分屋舍清拆，多条里巷亦告取消，村前的浅滩也开辟修路，自此烧灰炉村正式消失。

不过以村命名的这一条烧灰炉街则依然保留至今，记录着澳门先民们的生活。